本书由江苏经贸职业技术学院博士科研启动金（项目编号：JSJMQD201701）资助

经济管理学术文库·管理类

中国文化产业集群治理：
基于典型案例的实证研究

China's Cultural Industry Cluster Governance:
An Empirical Study Based on Typical Cases

张　艳／著

图书在版编目（CIP）数据

中国文化产业集群治理：基于典型案例的实证研究/张艳著．—北京：经济管理出版社，2017.4
ISBN 978-7-5096-5095-0

Ⅰ.①中… Ⅱ.①张… Ⅲ.①文化产业—研究—中国 Ⅳ.①G124

中国版本图书馆 CIP 数据核字（2017）第 088157 号

组稿编辑：杨　雪
责任编辑：范美琴
责任印制：黄章平
责任校对：超　凡　熊兰华

出版发行：经济管理出版社
　　　　　（北京市海淀区北蜂窝 8 号中雅大厦 A 座 11 层　100038）
网　　址：www.E-mp.com.cn
电　　话：（010）51915602
印　　刷：北京玺诚印务有限公司
经　　销：新华书店
开　　本：720mm×1000mm/16
印　　张：13.5
字　　数：220 千字
版　　次：2017 年 6 月第 1 版　2017 年 6 月第 1 次印刷
书　　号：ISBN 978-7-5096-5095-0
定　　价：48.00 元

·版权所有　翻印必究·

凡购本社图书，如有印装错误，由本社读者服务部负责调换。
联系地址：北京阜外月坛北小街 2 号
电话：（010）68022974　邮编：100836

序

当前,中国经济正处于"三期叠加"的新时期,即增长速度换挡期、结构调整阵痛期、前期刺激政策消化期。改革开放前30年,中国经济保持了9.8%的高速增长。2011~2015年,中国的经济增长速度分别为9.5%、7.7%、7.7%、7.3%、6.9%,特别是2015年经济增长速度下降到7%以内之后,引起国内外的普遍关注,2016年经济增长速度定格为6.7%。如何实现从高速增长向中高速增长的过渡,特别是如何实现经济结构的调整、产业结构升级换代,成为我国经济发展必须思考的问题。那么,能否把我国的文化创意产业作为一个突破口,这是值得我们思考与研究的重要课题。

文化创意产业兴起于20世纪末,许多工业化国家把文化创意作为新型产业进行培育,如今,文化创意产业已经成为一些发达国家的支柱产业,并且日益成为全球产业竞争的一个重要领域。21世纪以来,我国政府就接连制定并出台了许多促进文化产业发展的规划和政策,包括吸收和借鉴西方国家发展经验而制定的文化产业基地和集聚区政策。

如何促进我国文化创意产业发展,有许多研究视角,而在这些研究课题中,有一个非常现实的问题就是如何培育与发展我国文化产业集群及其表现之一的文化产业园区。近年来,在国家政策的强力推动下,全国各地催生了众多的文化产业园区或集聚区。这些园区或集聚区或先天不足、或后天缺乏治理,以至于乱象丛生、良莠不齐,存在种种制度的、结构的问题。如何理顺中国文化产业园区的多元主体治理问题,如何提高集群绩效,探索出中国文化产业经济发展的新路径,成为政界、学界和企业界的共识。

我的博士张艳,在读博士期间,就选择此主题作为自己的主攻方向。特别是，她作为核心成员参与了我主持的国家社科基金课题——"健全现代文化市场体系研究"，她作为子课题主持人，曾对我国文化产业集群问题进行了跨区域的调研。今天，呈现在各位面前的《中国文化产业集群治理：基于典型案例的实证研究》，就是她在博士论文基础上进一步完善而出版的个人专著。

本书运用新制度经济学、产业经济学、社会学、公共管理学等学科知识总结出中国文化产业集群治理的理论基础，结合文化产业集群的性质和集群治理理论形成了中国文化产业集群治理的一般框架和假设。此外，本书采用了艾森哈特教授的多案例比较分析方法，选取国内三个最有影响且最具典型性的文化产业集群（北京798艺术区、浙江横店影视文化实验区和西安曲江文化产业园区）作为解剖案例，具有相当的代表性，再加上有美国好莱坞文化产业集群作对照，更是增加了案例研究的说服力。本着"大胆假设，小心求证"的原则，先搜集相关的文献和理论形成假设，再深入园区观察、深度访谈、问卷调查，全方位、多角度展现中国文化产业集群在治理机制、治理结构、集体行动等方面的差异，验证了理论假设，为构建政府、行业组织、非营利组织及文化企业等多主体、多层次治理体系和合理的文化产业政策提供了理论视角和比较完整的素材。

我认为，本书补充了集体效率理论和多中心治理理论等新的中国文化产业集群治理的基础理论；整合出普适性的中国文化产业集群治理的理论框架，并运用多层次的典型案例进行了验证，在理论和实证方面都有一定的创新性。

我希望，张艳博士以本书的出版为契机，在文化创意产业研究领域继续开拓，比如可以考虑创新一些计量分析方法，也可以考虑利用移动社交媒体扩大样本数量，特别是，在今后可以进行更深入的国际比较研究。我与各位一样，期待着国内外同行在此领域有更多的交流，碰撞出更多智慧的火花！

中国社会科学院中国社会科学评价中心主任
博士生导师　荆林波
在2017年贵阳数博会期间匆匆

目 录

绪 论 ·· 1

第一章 文化产业集群治理的理论基础 ·· 7
  第一节 文化产业的定义及产业集群的相关理论 ······················· 7
  第二节 产业集群治理与文化产业集群治理的相关研究 ············· 11
  第三节 文化产业集群治理的理论基础 ··································· 23

第二章 文化产业集群治理的理论框架 ·· 37
  第一节 集群治理机制 ·· 38
  第二节 集群治理结构 ·· 48
  第三节 集群行为 ·· 61
  第四节 本章小结 ·· 67

第三章 三个国内文化产业集群的治理机制比较 ································· 68
  第一节 案例研究的设计 ·· 68
  第二节 各种治理机制的比较 ·· 74
  第三节 本章总结 ·· 93

第四章 三个国内文化产业集群的治理结构比较 ································· 94
  第一节 三个文化产业集群的发展历程 ································· 94
  第二节 三个文化产业集群的治理结构比较 ··························· 103

第三节 三个文化产业集群不同治理结构类型与治理机制特征 …… 111
第四节 本章总结 …… 112

第五章 三个国内文化产业集群治理机制、结构、行为对治理绩效影响的比较 …… 114
第一节 文化产业集群治理机制对治理绩效的影响及重要性的专家观点测试 …… 115
第二节 三个文化产业集群治理机制、治理结构对集体行动效率的影响 …… 119
第三节 集体行动及其影响因素的重要性 …… 121
第四节 三个文化产业集群的集体行动实践与双边合作比较 …… 128
第五节 本章总结 …… 136

第六章 美国好莱坞影视集群案例研究 …… 138
第一节 好莱坞影视集群的百年发展变迁 …… 138
第二节 好莱坞影视集群的治理机制与治理结构 …… 143
第三节 好莱坞影视集群的集体行动 …… 155
第四节 本章总结 …… 159

第七章 主要结论、启示和政策建议 …… 160
第一节 国内三个有代表性的案例比较研究得出的结论 …… 160
第二节 美国好莱坞案例研究带来的启示 …… 166
第三节 根据中国文化产业集群发展实际提出相关政策建议 …… 169

附　录 …… 177

参考文献 …… 190

后　记 …… 207

绪 论

自英国20世纪90年代提出"创意产业"以来，全球掀起了一波文化产业发展的浪潮。它是后工业化国家或地区在知识经济、信息时代新的经济增长源泉，它特有的"创新、高附加值、无污染"的产业特征，在国家产业结构升级、城市竞争力提升以及创造新的就业机会等方面产生了巨大的推动作用。目前，文化产业已经成为美、英、日、韩、新等国家的战略支柱产业，为这些国家带来了可观的经济效益和社会效益，而且也为新兴后发国家创造了新的发展契机。2011年，全球创意产品与服务的总交易额比2002年增加了两倍多，已达6240亿美元。此外，创意产品（服务）出口增长率在发展中国家的年增长速度高达12.1%（宋佳烜，2013）[①]。

由于集聚可以带来一系列好处，文化产业的发展往往具有集聚倾向。斯科特（Scott，1997）认为，文化产业的生产偏重于依赖中小企业组成的网络来组织，具有劳动技术需求多样化的特征，对本地劳动力市场产生非常大的需求；借助网络间信息、技术交流的便利和不同环节生产商之间的信任与合作，产生巨大的外部经济效应，因此，文化产业集聚的趋势十分明显。凯夫斯（2004）指出，文化产业的生产和销售具有项目合作、持续创造、创新的需要以及市场需求的不可预测等特点，文化产业集聚能够节约经销商、顾客的成本，能够提高文化企业的凝聚力和竞争力。以面对面的正式或非正式的互动为基础的交易形式和实践非常重要，特别是创新、签订契约和社会化等活动，而且地理的接近性能够便利非贸易

---

① 宋佳烜：《全球文化创意产业交易额10年翻两番》，《中国文化报》2013年12月3日第10版。

关系的建立和促使关键的集群参与者之间更狂热的互动（Pratt, 2000; Storper, 1997）。Gornostaeva 和 Paul（2003）根据区位商判断了欧洲各国文化产业的集中趋势，并对伦敦的集群空间分布和文化产业子产业的集聚水平进行了测算，认为文化企业间的地理接近倾向受外部经济的驱使，他们还指出文化产业集群的外部经济主要包括网络内各种企业间的合作和竞争，集体创新和学习，与劳动力市场、外部供应商、顾客的及时和有效的互动等。

当今世界文化产业的主体部分主要集中在以纽约、洛杉矶、巴黎、伦敦以及东京为代表的大都市及大都市群。文化产业"结块"式的发展是提高创新效率和速度的"发酵剂"，在专业化与分工越精细的区域，越易于发生产业的集聚现象，因此，在大城市出现文化产业集群的概率一般高于小城市和乡村（Drake, 2003）。比如，美国电影产业生产总量的70%集中于以洛杉矶为核心的西部城市群；日本全国电影产业的60%、印刷产业的40%、出版产业的35%则聚集在东京城市群；韩国50%的人口及主要的广播、电视台、出版社、软件研发等机构也集中在首尔（花建等，2005）①。波特（1990）指出在经济全球化背景下，国家竞争优势来源于地方产业集群的健康和强劲的发展。因此，如何促进文化产业集群的形成和竞争力的提升是许多后工业化国家文化产业政策研究的新焦点，也是文化企业发展壮大和创造核心竞争优势的理性选择。

我国的文化产业发展起步较晚，是在经济快速发展的基础上并且伴随着文化体制改革的深化而逐步发展的。2000年中共的正式文件中首次提出"文化产业"的概念，意味着"文化"的产业属性在我国开始得到认可，明确了我国文化产业体制改革的方向；2002年中共十六大报告中将"文化事业"与"文化产业"进一步区别开来；2003年中宣部部署了国有经营性文化事业单位转制为企业（以下简称"事转企"）的改革试点，在北京、上海、西安以及浙江等9个省市先行探索；2005~2010年"事转企"改革在全国扩大试点，全面推开；2009年我国《文化产业振兴规划》出台，文化产业的战略地位更加凸显；截至2013年上半年，18万多个文化事业编制被核销，4000多家经营性文化事业单位被注销，部分领域如影视制作、出版发行的"事转企"的改革任务将近完成，非时政类报刊社和国有

---

① 花建等：《文化产业竞争力》，广东人民出版社2005年版，第31页。

文艺院团的相关改革也取得突破性进展①。伴随着文化体制改革的不断推进，文化产业在我国国民经济中的比重不断增加，日益成为经济增长的新动力。据国家统计局统计测算，2013年我国文化产业增加值高达21351亿元，占GDP比重为3.63%。2004~2013年，我国文化产业增加值从3440亿元增加到21351亿元，年平均增长率为22.5%②。

随着文化产业的迅猛发展，我国文化产业集群（或文化产业园区）③也开始了飞速发展。文化部从2004年开始实施文化产业集团化发展战略，授牌发展国家级文化产业示范基地，2007年开始推行集群发展战略，授牌发展国家级文化产业示范园区或实验园区。据文化部及相关部门统计，截至2013年，共有77家文化企业分别在沪深两地上市，进入符合现代企业制度要求的股份公司行列，2015年初，由文化部批准授牌的国家级文化产业试验园区、示范园区和国家级文化产业示范基地，已分别达到10个、10个和339个④。在国家层面树立典型园区的推动下，各省、市、区、县文化行政主管部门纷纷响应，对各自管理的文化产业园区掀起了以评估、授牌为目标激励的创建高潮。目前，全国究竟开发和命名了多少文化产业园区，就连国家文化部和国家新闻出版广电总局都没有一个准确可靠的数据。这一方面说明各级文化行政主管部门、宣传部门多头"授牌"的情况比较严重；另一方面说明中央和地方文化行政管理部门各自为政、条块分割导致信息难以共享。据2014年前瞻产业研究院发布的中国创意产业园区相关报告的部分数

---

① 邓植尹、王荷月编：《深化改革，繁荣发展：我国文化体制改革之路》，中宣部中国文明网资料频道，第4期，http：//www.wenming.cn/special/bk_whtzgg/。
② 2004年的数据来自中央文化企业国有资产监督管理领导小组办公室：《十年见证文化产业腾飞——我国文化产业10年发展对比分析报告》，《光明日报》2015年2月12日第14版；2013年的数据来自国家统计局：《2013年我国文化及相关产业增加值超2万亿》，2015年1月23日，http：//www.stats.gov.cn/tjsj/zxfb/201501/t20150123_673036.html。
③ 本书研究对象是文化产业集群，既包括自下而上形成的文化产业集群也包括自上而下形成的文化产业园区，不过，这里的文化产业园区指的是有集群化特征（集聚水平较高、企业之间有一定经济技术关联）的园区。
④ 2015年的数据来自张磊、余小乔（责任编辑）：《安徽蚌埠大禹文化产业园成功跻身国家级》，2015年3月20日，人民网-安徽频道：http：//ah.people.com.cn/n/2015/0320/c358266-24219991.html；77家上市公司数据来源于文化部财务司：《中华人民共和国文化部2013年文化发展统计公报》，http//zwgk.mcprc.gov.cn/auto255/201405/t20140516_30294.html。

据显示①：自20世纪90年代起至2002年，我国已经初具规模并且产生了一定影响的文化产业园区或文化产业集群达到了48个；2003~2005年共建成85个；2006年我国文化产业园区（或集群）建成了107个；从2007年开始，我国文化产业园区的发展真正进入了"快车道"，仅2008~2012年4年的时间全国各类文化产业园区数量就已达1122个，年均增速高达42.2%，大有一哄而上之嫌。

伴随着地方政府加大授牌冲动的刺激，各类文化产业园区纷纷出笼并呈现高速发展之势。与此同时，各种各样的问题开始浮现出来：诸如地方政府盲目开发，文化产业园区的形式化、同质化，部分园区地产化，园区内企业数量多但彼此间缺乏内在关联和合作，园区有名无实、开发效益低下等产生了极大的负面社会影响（陈少峰，2009）。这些问题引起了文化类企业以及多地文化主管部门的担忧，中央文化主管部门加大了重视程度。文化部在2010年就已出台相关管理规定，并对授牌基地和园区进行了全面的巡检和评估工作。虽然巡检与评估并不容易受到地方各级政府的重视，截至2013年，仅仅累计撤销了1家国家级文化产业实验园区和8家国家级文化产业示范基地②，但却产生了积极的导向效果，一定程度上遏制了乱打旗号轻易授牌的无序现象。文化产业集群在我国至今是一种新生事物，现实更是乱象丛生，地方政府圈地造园的风头正劲，大多数园区却发展乏力难出效益。怎样推进文化产业集群或园区健康有序发展，成为当下文化实业界、政府和理论领域亟待研究与实践的问题。目前，理论界涉及文化产业集群的研究总体上仅徘徊在文化产业集群的浅层次方面，如就文化产业集群形成的原因、影响因素，与城市的关系和发展路径等问题进行讨论得较多，而对文化产业集群或园区的治理问题涉及甚少，实证方面的研究几乎没有。另有一些研究集中在政府治理方面的外国经验介绍和本国政府文化管理体制改革及文化产业政策等方面。本书认为，文化产业集群或文化产业园区绩效不佳的重要原因，除各个集群或园区的人才、资金、市场环境等各异外，根本在于缺乏"治理"所致。

目前，国外有关文化产业集群治理研究的理论基本处在初期阶段，所见文献

---

① 莫衍彬：《2014文化创意产业园区发展前景》，前瞻网，http：//bg.qianzhan.com/report/detail/300/140301-5e8ad004.html。

② 于帆：《两家国家级文化产业园区、基地被撤销命名》，2014年1月8日，新华网，http：//news.xinhuanet.com/politics/2014-01/08/c_125973021.htm。

主要是围绕文化产业集群主体关系以及政府文化政策等方面，研究焦点分散，内容不系统也不深入。相对而言，国内文化产业集群治理研究只能说才刚刚开始，尚未进入学界和机构重点关注的视野。本书运用"集群治理"理论研究中国文化产业集群"多元主体合作治理"问题，系统探讨文化产业集群的治理机制、治理结构、集群行为和治理绩效四个方面或环节之间的关系，并选取了三个中国典型的文化产业集群案例及美国好莱坞影视集群案例展开了初步的检验。这些对于文化产业集群治理理论研究和实践具有积极的参考意义和一定的创新性，主要表现在：一是对国内外刚刚兴起的集群治理的研究文献及其代表性观点进行了重点介绍和评析，借鉴多学科相关理论总结出产业集群治理新的理论基础，如集体效率理论、多中心治理理论，增加了集群治理理论的知识宝库内容；二是构建了一般产业集群治理的理论框架，并根据文化产业集群的治理特点，提炼出中国文化产业集群治理比较系统的理论分析框架和理论假设，并且通过国内外多案例的比较分析，验证了文化产业集群治理理论框架，得出了相关结论、启示和政策建议，这些都丰富了文化产业集群治理的理论内容和观点；三是这项研究既有助于中央及地方政府树立文化产业集群治理观念，加大社会中介力量的发展，培育以文化企业自治为基础的多层次的文化产业集群治理体系，强化文化产业集群健康有序、可持续发展的必要性，同时可以为深化我国文化体制改革提供路径与战略性的参考，还可为文化产业集群治理的多元主体如政府、文化行业协会、非营利组织、文化企业等构建新型合作关系和开展集体行动实践提供一定的参考建议。

本书采取的研究方法主要包括文献研究法、多学科分析方法、多案例比较研究法以及定性和定量相结合的方法。收集和整理了文化产业、产业集群、文化产业集群、治理、集群治理等方面近年来的文献资料，综合运用了新制度经济学、产业经济学、社会学、公共管理学等学科知识，总结和构建出文化产业集群治理的理论基础和理论框架。本书的多案例研究包括两个层次：首先是选取三个在中国起步最早且最有影响的文化产业集群的典型案例（北京798艺术区、西安曲江文化产业园区、浙江横店影视实验园区），综合运用多种数据、资料收集方法或来源，包括访谈、问卷调查、实地观察以及公开发表的文献、未公开的档案等，对三个文化产业集群治理机制、治理结构、集群行为进行多角度的比较分析，以验证本书的理论假设，并分析归纳出相关结论；其次又选取美国好莱坞影视文化产业集群为例,解析其治理机制、治理结构、集群行为的相关事实和数据,再次验证本书的理论假设,得出对中国文化产业集群治理的相关启示。在案例分析比较中尽量使概念、理论定量化以便于比较,试图达到既有理论深度又相对直观的表达效果。

本书的不足之处在于:一是在测量影响集体行动效率的因素中应加入信任等网络治理机制变量,以测量网络治理机制对集体行动效率的重要性。可能的话,应该尽量取得专家关于各变量对集体行动效率的影响的打分结果,从而可以对集体行动效率进行直接量化比较。二是由于条件限制没能对好莱坞影视集群进行实地考察,缺乏多个来源证据的相互验证。在文化产业集群治理机制存在与否以及作用程度测量的问卷调查中,注册于浙江横店影视基地的影视企业多数平常不在横店工作,导致调查样本偏少。

第一章 文化产业集群治理的理论基础

第一节 文化产业的定义及产业集群的相关理论

一、文化产业的概念界定

"文化工业"的概念最早是由德国法兰克福学派的代表人物阿多诺和霍克海默于1947年出版的《启蒙的辩证法》一书中提出的,他们对文化产品的标准化、规格化生产方式以及大众化消费方式进行了否定性的批判(阿多诺和霍克海默,1990)。"文化工业"理论对后来的"文化产业"理论的发展产生了巨大的影响,但是,随着文化产业在世界范围内的快速发展,该理论已不再能满足文化产业实践的需要。20世纪80年代初,进入后工业化时期的欧洲各国普遍面临经济结构转型升级的需要,在此背景下,"文化工业"所面临的经济、政治和社会背景发生了重大变化,最初含有批判意蕴的语义被新的中性的语义所代替,形成了今天大家普遍使用的"文化产业"概念。直至1998年英国政府首先提出"创意产业"的概念之后,文化创意产业及其发展才真正引起了世界范围内的广泛关注。从"文化工业"到"文化产业",再到"创意产业"语义的变化,反映了文化的经济属性越来越被人们所认识,文化产业在经济发展中的地位越来越重要的趋势。

迄今为止,文化产业的内涵在国际上并没有权威而统一的认定,各国学者或官方均是以不同的目的、从不同角度对之进行界定和使用。"文化产业"在中国内地、韩国、荷兰、德国、法国等国被广泛使用；在英国、澳大利亚、中国香港、新加坡被称作"创意产业"（Creative Industries）；在美国被称作"版权产业"（Copyright Industries），在日本、芬兰被称为"内容产业"（Content Industries）；在中国台湾被称为"文化创意产业"（Cultural and Creative Industries）等。尽管不同国家和地区对文化产业的称谓有所差别，但本质上都是对文化产业的精神属性（创意）和经济属性（知识产权）的反映。鉴于此，本书不对这些称谓进行区别，统一用"文化产业"（包括创意产业和版权产业）表达。下面是一些代表性的定义，具体如表1-1所示。

表1-1 文化产业的代表性定义

英国学者贾斯廷·奥康纳（1999）	以经营"符号性商品"为主的活动，而符号性商品的基本经济价值是以它们的文化价值为基础的
英国政府（1998）《英国文化创意产业路径文件》	源于个体创造力、技巧和天分，通过获取和运用知识产权创造财富和就业的活动。强调文化产业中"创造、创新"对其他产业的渗透价值
英国学者约翰·霍金斯（2001）	产品或服务受知识产权法保护的产业
美国国际知识产权联盟（1990）	强调文化的知识产权价值，所谓版权产业，是以创造享有版权的作品为主要产品的产业
日本通产省报告（1999）	所谓内容产业是能够给人带来精神享受的"信息"和可以经营的"财产"
法国政府	可大量拷贝的传统文化事业中的产业
联合国教科文组织	指文化产品和服务依照"工业化方式"大规模生产、复制、储存和分配的一系列活动
中国国家统计局（2012）	指"为公众提供文化及相关文化产品生产的活动的集合"①

资料来源：根据刘蔚：《文化产业集群的形成机理研究》，暨南大学2007年博士学位论文，第22-24页；周国梁：《美国文化产业集群发展研究》，吉林大学2010年博士学位论文，第29-32页；张斌、马斌、张剑渝：《创意产业理论研究综述》，《经济学动态》2012年第10期，第87-90页的内容整理和修改。

---

① 国家统计局《关于〈文化及相关产业分类〉的通知》；国家统计局《文化及相关产业分类2012》，2012年8月1日，http://www.ccitimes.com。

二、产业集群的相关理论

所谓产业集群（Industry Cluster），指的是在某一特定领域中，许多相互关联的企业及支持性机构（政府、行业协会、咨询机构等）在地理上集聚，并以"共通性和互补性"相联结形成持续、强劲竞争优势的现象（Porter，1998）。现代的产业集聚理论延续了古典经济学中企业间分工的思想（斯密，1983），并在此基础上进一步发展和延伸。马歇尔首先提出"产业集聚"的概念和外部规模经济理论后，产业集群及类似的经济现象就开始受到相关学者的关注，但直到20世纪90年代初迈克尔·波特的《国家竞争优势》的发表以及产业集群作为地方政府发展区域经济的政策工具时，产业集聚或产业集群研究的世界性高潮才真正出现。不同时代的研究者往往从世界各地出现的产业集聚现象入手分析其背后的原理，借助经济学、区域经济学、社会学、经济地理学、管理学等众多学科做出不同的解释。所以，目前学术界对产业集群尚缺乏统一的界定和研究框架，如产业集聚（Industrial Agglomeration，经济学、区域经济学常用术语）、产业集群或产业簇群（Industrial Cluster，管理学常用术语）、产业区、新产业区 [（New）Industrial District，经济地理学常用]，以及区域创新系统（Regional Innovative System）、区域集群（Regional Cluster）和产业综合体（Industrial Complex）等概念在不同的文献中交替使用。本书不对这些术语进行严格区分，主要采用"产业集群"的说法。概括起来，产业集群的相关理论主要围绕产业集群形成的机理、动因、影响因素以及治理机制等展开。下面是一些具有代表性的产业集群理论和思想。

表1-2　产业集群的代表性理论和思想

代表性理论、人物	思　想
外部规模经济理论（Marshall，1890）	产业集聚的原因是为了获取外部规模经济的好处，包括劳动力市场、中间产品供给市场的规模效应以及技术外溢和信息交流

---

① Porter, M. "Cluster and The New Economic of Competition", *Harvard Business Review*, Vol. 76 (6), 1998, pp. 77–90.

续表

代表性理论、人物	思　想
工业区位论（Weber，1909）	工业区位的形成原因主要是劳动力成本、运输成本等区域因素和集聚因子的作用结果
增长极理论（Perroux，1955）	嵌入某个地区的推动性工业将形成"增长中心"，从而带动所在区域的经济增长
产业综合体理论（Isard，1956）	特定地理区位上的一组相互联系的经济活动，强调集聚可以由政府自上而下的规划形成
新经济地理学理论（Krugman，1991）	规模报酬递增使集聚成为可能，而且这种集聚具有累积循环的特点；产业政策可能成为强化地方产业集聚的因素
新产业区理论（Becattini，1990；Piore and Sabel，1984）	具有相同或相似社会文化背景的企业和人们在某地域上结成的社会生产综合体，具有生产上弹性专精、本地网络和根植性的特点
社会网络理论（Granovette，1985；Amin and Thrift，1992）	经济活动深深嵌入地方的社会关系、人际关系网络之中，具有根植性、机构稠密性特征，强调集群中社会资本的作用
区域创新理论、技术极理论（Gremi，1995；Nelson，1993；Lundvall，1992；Preer，1992）	产业集聚现象与创新活动密切相关，有创新环境的地方更易于产生创新；重视集群中创新主体的协同行为及集体效率；新技术转化为商品，衍生新企业，产生可持续发展的经济活动区域
新产业空间理论（Storper，1989）	认为本地化网络能够促进企业间的合作，降低了交易费用，强调集群产生的区位规格和区位能力因素及制度的重要性
波特的竞争优势理论（Porter，1990）	提出由需求条件、生产要素、支持性产业、政府、机会、企业的战略和结构及同业竞争六个因素构成的"钻石模型"是形成国家竞争优势的地方产业集群的源泉

资料来源：根据王洁：《产业集聚理论与应用的研究》，同济大学2007年博士论文，第13-38页；及廖园园：《集群治理机制论——理论与浙江产业集群的经验研究》，浙江大学2011年博士论文，第14-18页的内容整理和修改。

第二节　产业集群治理与文化产业集群治理的相关研究

一、产业集群治理

明确将"治理"作为产业集群研究的主题是最近十几年的事情。早期大量的产业集群文献集中于对其正面效应（如能够降低生产成本、带来外部规模经济和竞争优势等）的解析，然而实践中一些具有高度凝聚力和一致性的集群不能适应外部环境变化，思维和行为僵化，特别是一些成功的集群发生区域"锁定"和路径依赖等问题导致集群衰退或竞争力滑坡等负面效应（Whitley, 1994; Nelson, 1993; Buchko, 1994; Grabher, 1993）开始引起理论界的关注。一些学者在20世纪末21世纪初提出"集群治理"的概念，把集群治理与解决集群锁定以及加强集群创新和升级等问题结合起来进行相关研究。总体而言，目前集群治理研究仍处于初期、不成熟阶段，主要涉及集群治理内涵的界定、集群治理机制、治理结构以及集群治理的内部治理或外部治理（价值链治理）等内容，本书重点介绍和评述集群治理机制、治理结构、集群行为以及治理绩效等集群内部治理方面的研究。

（一）产业集群治理概念

Brusco（1990）较早将"治理"概念导入产业集群研究，他识别了两种发展初期的产业区：自发成长型产业区，以及需要政府支持的"治理"型产业区，然而没有明确界定"集群治理"的内涵；Schmitz（1995）借用了 Brusco 的分类方法对巴登—符腾伯格区域集群展开了研究，指出集群集体效率的来源分为自发取得和经规划（治理）行动获得两种，后者本质上来自区域内企业间的合作和共同行动。Gilsing（2000）从产业集群必须不断创新以适应内外部环境的变化和保持竞争优势的要求出发，明确提出集群治理概念，并把集群治理界定为集群参与者为构建和维持集群可持续竞争优势，有意识地促进集群升级的集体行动，强调自下而上的集群动态创新过程；而 Rittera 和 Gemundenb（2003）从管理的视角将集群治理定义为集群组织的交易以及自上而下的计划、组织、协调、人事和控制的过程；Humphrey 和 Schmitz（2002）概括集群治理的特点为活跃的公共和私人机构、本地风险分散机制以及密切的企业之间的合作关系；有些学者从集群治理结构的角度定义集群治理，认为产业集群治理本质上是基于权力分配属性的企业之间的关系，是集群内的各种主体共同博弈的结果（Propris，2001；Enright，2000）；集群治理关系到企业与产业结构的互动（Brown，2000），涉及跨企业和机构的集群战略决策权力分布以及企业对区域经济政策制定过程的参与度（Propris，2007）；有的学者则从治理机制的角度对集群治理进行界定，如将集群治理定义为集群内不同协调机制的相互关系及其组合（Langen，2004）。

国内学者基本上认同和延续了国外学者对集群治理定义的研究：第一类是受 Gilsing（2000）"集体行动观"影响的学者，有冯祈善、黄媛梅（2006），陈军、朱华友（2008）等；第二类是受 Propris（2001）等"结构观"影响的学者，有曾繁英、吴立源（2009）等；第三类是受 Langen（2004）"机制观"影响的学者，主要有黄喜忠、杨建梅（2006），于永达、陈琳（2008），魏江、周泯非（2009），易明（2010）、李世杰（2013）等，第一类学者数量较多。

（二）集群治理机制

治理机制方面的理论被认为是集群治理理论中研究最广泛和最有争议的部分，也是集群治理的焦点。总结起来主要包括网络治理机制、混合治理机制和一些特殊的治理机制。

1. 网络治理机制

Powell（1990）把威廉姆森定义的不同于科层和市场的"中间性组织"直接视为"网络"，他认为网络是与市场、企业截然不同的一种治理机制（模式），互补和协作是网络机制形成的基础，网络参与者之间具有高度的相互依赖性，通过沟通和协作来达成各自的目标；大量的网络理论及经验研究都假设和证实了网络的运作机制是依靠建立在非正式的人际关系之上的信任来实现的（Perrow，1992；

Gulati，1996；Uzzi，1997），但人际信任是一种排斥新互动伙伴的需要特定地域和社会条件的特殊信任（林闽钢，2002），因此，Luhmann（1979）、Zucker（1986）指出非人际关系信任或制度信任在社会系统复杂化的网络运作中的作用正逐渐取代建立在人际关系上的信任；Lorenz（1988）、Powell（1990）、Jarillo（1988）等网络理论学者认为信任、声誉和相互依赖能够削弱机会主义行为，使企业间更复杂的分工和依赖成为可能；Mcknight等（1998）、Jarvenpaa等（1998）指出在新的临时性网络中或在网络构建初期，信任的作用更加重要；网络治理机制研究中影响较大的是Jones、Hesterly和Borgatti（1997），他们认为建立在交易成本理论、社会嵌入理论基础上的网络治理机制是对市场机制和企业机制的一种替代，强调作为网络治理机制的"隐性的和开放的契约"是社会性因素，为此，他们还提出了四种网络治理机制（社会机制）：宏观文化、限制进入、声誉及集体制裁。国内学者借鉴了国外学者的网络治理机制研究成果，并在此基础上进行了一定的延伸。如孙国强（2003）把网络治理和网络组织治理进行了区分，认为网络治理机制主要指社会机制，而网络组织治理则是由包含网络治理机制在内的多种机制起作用，包括起辅助作用的正式机制和起主体作用的宏观社会机制（声誉、宏观文化、信任和集体制裁）和微观运作机制（进入壁垒、激励约束、决策协调、风险防范和学习创新）；彭正银（2002）认为，互动和整合机制也是网络机制的组成部分；张聪群（2008）结合集群治理逻辑，进一步阐释了信任、宏观文化、声誉、集体惩罚等社会机制。

2. 混合治理机制

由于信任机制的局限性，将信任与价格、权威等机制混合运用在组织间应该成为常态，或者说不能单独地依赖信任机制来维系合作关系，还需要其他的辅助性机制相配合（Bradach and Eccles，1989；Barber，1983）；在集群治理机制研究方面影响最大的学者是Langen（2003）①，他从治理机制的角度定义了集群治理，并分析了企业、市场、企业间联盟、协会、公共私人组织及公共组织六种一般的治理机制各自的优势、劣势和适用范围，指出企业（领导型企业除外）、市场、

---

① Langen, Peter W. De. "The Performance of Seaport Clusters: A Framework to Analyze Cluster Performance and an Application to the Seaport Clusters in Durban, Rotterdam and the Lower Mississippi", (*Erasmus University Rotterdam*) 2003, pp. 55-56.

联盟等机制不适合集群中集体行动问题的解决,并且提出信任机制、中介(包括协会)机制、领导型企业机制及集体行动体制的存在有助于降低集群交易成本,扩大价格协调以外的合作范围,提高集群治理绩效,但没有明确提出信任是一种网络治理机制,忽略了法律在集群正式治理中的作用。国内学者如魏江和周泯非(2009)、廖园园(2011)、杨树旺等(2008)提出集群治理机制主要包括网络治理机制、领导型企业机制、协会自治机制、政府机制"四分法";其他学者提出集群治理机制三分法(网络治理机制、协会机制和政府治理机制)。

3. 一些特殊的治理机制

李新春(2002)、陈文华(2006)等强调企业家协调机制;青木昌彦(1999)以硅谷为例提出风险投资"联赛式"治理机制,持类似观点的还有李恒(2006)、彭文慧(2007)等;黄喜忠、杨建梅(2006)主张构建集群治理机制体系应从关系、推动力、产品与信息三个角度进行,但缺乏详细的论证和解释。

(三)集群治理结构

集群治理结构是建立在权力及其权力分布属性基础上的集群企业间的关系(Enright,2000;Propris,2001)。在调查和分析不同集群生产结构的基础上,Storper 和 Harrison(1991)① 区分了四种治理结构类型:全部外围型(权力分散)、协作企业的中心外围型(协作企业分享领导权,有一定的层级特征)、以领导企业为主的中心外围型(领导企业可以决定一些外围企业的存在,权力比较集中)以及全部中心型(权力非常集中),并探讨了它们的发展趋势;Markusen(1996)② 在资本、劳动等要素全球流动的背景下,探讨如何保留利润生产的"黏性空间"(吸引和留住企业的区域),在 Storper 和 Harrison(1991)研究基础上加入集群的区域发展"导向"的因素,也提出了四种产业区治理结构:如马歇尔式或意大利型(本地导向)、轴辐型(本地及区域导向)、卫星平台型(依赖于区域

---

① Storper, M., B. Harrison. "Flexibility, Hierarchy and Regional Development: The Changing Structure of Industrial Production Systems and Their Forms of Governance in the 1990s", *Research Policy*, Vol. 20 (5), 1991, pp. 407-422.

② Markusen, Ann. "Sticky Places in Slippery Space: A Typology of Industrial Districts", *Economic Geography*, Vol. 72 (3), Jul. 1996, pp. 293-313.

第一章　文化产业集群治理的理论基础

外的母公司)、国家力量依赖型,并且指出产业区发展必须要包括跨产业区界限的根植性,纯粹的当地化战略可能会遭致失败;Propris(2001)从集群企业决策权的分布角度把集群治理结构分为"产业区"型(大量原子式的中小企业平等参与)和买方垄断型(一个或少数买主决定其他企业的存在,高度集权)以及介于两者间的中间型三种类型;Provan 和 Kenis(2007)根据网络中协调性组织的中介性和网络成员参与决策的程度提出了三种网络治理结构:共享自治型、领导组织型以及网络管理组织型,持类似看法的学者还有杨慧(2007);黄喜忠、杨建梅(2006)从集群治理中心的角度划分了硅谷式(以风险投资者为中心)、意大利式(以行业协会为中心)、盟主式(以领导型企业为中心)和行政式(以官方或半官方机构为中心)四种集群治理结构类型,并阐述了各自的特点。

关于治理结构合理性标准的研究,Provan 和 Kenis(2007)指出网络治理结构的合理性主要取决于四个变量:信任、企业数量、目标一致的程度、网络整体发展的能力需求;Brown(2000)指出相对完美的集群治理结构应该是建立既能实现一定的权力均衡,又能保证治理行为的有效性,实施民主管理和决策的集群委员会(由企业代表、协会组织、政府部门、业内著名人士、相关产业代表等组成);Enright(2000)认为,集群治理结构的影响因素包括机构或企业的稠密度、产品组合的宽度、价值链的长度、驱动力(政策驱动还是自身潜能)以及形成机理(根植性的还是移植性的),并指出根植性强的产业集群能较好地拉长当地的产业价值链,而移植性的产业集群(如外国跨国公司聚集形成的)则在这方面表现不理想;Dijk(2005)基于新公共管理理论提出合理的治理结构应包含的关键要素:趋于一致的价值与规范、利益相关者的共同参与、权力分散化、权责对等以及独立监督;Sugden 等(2006)解析了集群治理和区域经济发展之间的因果联系,提出了集群治理结构合理化的衡量指标,即集群战略决策权在企业间的分布广度和集体决策的企业参与深度与区域经济发展程度成正比;Propris 等(2007)运用伯明翰珠宝产业集群的案例研究对 Sugden 等提出的理论框架进行了验证,研究结果显示:伯明翰珠宝产业集群治理结构特征是分散的集群战略决策权,但企业缺乏对集体决策的介入程度以及有限的集体行动对集群的复兴和发展产生不利的影响。

中国文化产业集群治理：基于典型案例的实证研究

（四）集群行为

在前文产业集群的相关理论中，新产业区理论、社会网络理论、区域创新理论和波特的竞争优势理论中就有关于集群中参与者行为的论述。新产业区理论提出了弹性专业化分工中集群参与者的行为互动（Piore and Sabel, 1984）；社会网络理论中关于集群参与者经济行为和社会行为交织在一起的理论（Granovette, 1985）；区域创新理论中关于集群参与者之间的创新行为与集体效率的关系（Nelson, 1993；Lundvall, 1992）。由于集群中单个企业的行为不太可能作为集群研究的对象，因此，更多的是一些关于集群集体行动方面的研究。波特的竞争优势理论中提到集群中企业之间的集体行动的重要性，但没有论述如何开展集体行动（Porter, 1990）。如 Gilsing（2000）指出，集体行动是集群成员参与的有助于集群升级的如知识交流、培训或集体营销等活动；集体效率学派认为，集群成员的集体行动是集体效率的一个重要来源（Schmitz, 1995）；Langen（2003）认为，集群中行为的核心是集群参与者之间的互动，并提出集体行动机制是影响集群治理绩效的一个重要变量，而且分析了影响集体行动机制质量的相关变量，易明（2011）用案例验证了经过修改的 Langen 的集体行动理论框架。

（五）集群治理绩效

产业集群作为一种复杂的、动态变化的网络组织，其治理绩效难以衡量（孙国强，2004）。波特提出的"钻石模型"被认为是最早衡量集群治理绩效的框架，波特（1990）认为，钻石模型中的六大因素（需求、要素、企业的战略、结构与竞争、支持条件、机会和政府）的交互作用是产生国家竞争优势的重要来源，但因为缺少理论基础，没有得到广泛认可（Langen, 2003）；Gilsing（2000）①指出，集群治理的核心在于催生技术变革，要适时更新或调整相关制度来改进集群创新系统的能力，因此他借鉴企业绩效衡量指标提出四个"产

---

① Gilsing, V. "Cluster Governance: How Cluster Can Adapt and Renew Over Time", *Paper Prepared for the DRUID PhD-Conferenee*: *Copenhagen*, 2000, pp. 1–18.

出"型治理绩效指标:质量、创新、效率、柔性,以及一个"过程"型指标:系统弹性(System-flexibility),但并未对其作进一步解析和量化;Propris(2001)① 在一项研究中提出集群治理绩效的衡量指标是生产的系统弹性,包括生产的数量弹性、品种弹性、集群整体弹性和个体企业的弹性等内涵,并指出决定生产系统弹性的因素是:企业间垂直或水平的生产关系、有效率和专业化的当地劳动力市场以及当地社区互动的社会文化背景(信任感的扩散),而这三个因素又会依集群治理结构(企业间决策权的分布)的不同而发生变化,最后,比较了"产业区"型和买方垄断型两种极端的治理结构在集群治理绩效上的表现;在集群治理绩效方面探索最为深入,贡献最大的是 Langen(2003)②,他首先指出利润率、生产率、出口份额及向外国直接投资等指标对集群绩效的衡量都是不适当和有偏颇的,一个比较完美的指标是集群在一段时间内价值增加值的现值,但这个指标很少能被计算出来;其次,综合相关学派的观点得出一个衡量集群绩效的框架,认为集群的绩效取决于集群结构和集群治理两个方面的因素,而集群治理绩效则主要取决于价格之外的协调范围和协调成本的高低;最后,以三个海港集群为例对集群绩效理论进行验证并得出了相应的启示。Dijk(2005)认为,衡量集群治理绩效必须将治理成本和预期目标的实现效果等考虑在内;易明(2010)建立了集群治理绩效的评价指标体系,包括集群治理的过程绩效(治理力)和产出绩效(竞争力)两个方面,但没有对集群绩效和集群治理绩效进行区分。

(六)集群治理机制、治理结构、集群行为与治理绩效的关系

关于集群治理机制和治理结构的关系研究,如廖园园(2011)采用案例研究法对浙江地方产业集群的治理机制和治理结构进行了探索;杨慧(2007)探讨了产业集群治理结构演进中的内在治理机制特点。

关于集群治理机制与治理绩效的关系研究,如 Lorenz(1988)、Powell

---

① Propris, L. D. "Systemic Flexibility, Production Fragmentation and Cluster Governance", *European Planning Studies*, Vol. 9 (6), 2001, pp. 739-753.

② Langen, Peter W. De. "The Performance of Seaport Clusters: A Framework to Analyze Cluster Performance and an Application to the Seaport Clusters in Durban, Rotterdam and the lower Mississippi", *Erasmus University Rotterdam*, 2003, pp. 19-23.

(1990) 等探讨了网络治理机制对治理绩效的影响，Langen (2003) 探讨了集群混合治理机制对集群治理绩效的影响并进行了验证；关于治理结构与治理绩效的关系研究有 Propris (2001)、Sugden 等 (2006)；关于集群行为与治理绩效的研究有 Langen (2003)、Schmitz (1995)、Gilsing (2000) 等。

易明 (2010) 从产业集群治理机制、治理结构、集体行动和治理绩效方面对集群治理进行了全面的分析，但并没有就四者的内在关系进行系统的理论分析和经验验证。

二、文化产业集群治理的相关研究

（一）文化产业集群治理机制

1. 政府机制研究

探讨政府文化集群政策的作用、有效性、实施和评价的研究。Hitters 和 Richards (2002) 研究了两个荷兰的文化产业集群后发现，积极的公共干预对阿姆斯特丹集群并不能刺激更多的创新，但却塑造了集群整体形象；有限的公共干预带来了创新，但在集群形象方面却没有起到什么作用；Cook 和 Pandit (2007) 在对伦敦、布里斯托尔和格拉斯哥三个广播集群的研究中指出伦敦在各个方面的巨大优势使得波特的以产业集群作为地区经济发展的战略模式受到质疑，另外，伦敦比其他两个地方更多地受益于大的跨国公司，这也削弱了中小企业集聚的集群政策的作用，从伦敦和布里斯托尔的"去行政化"管理中可以说明没有证据证明地区政府政策治理在区域经济发展中能产生作用。而格拉斯哥的可持续发展政策是由集群内苏格兰当局和地方机构的联合思维共同推动，需要获得更多中央政府权力的下放；Choi (2010) 考察了韩国中央政府推动的历时五年的八个城市文化产业集群战略的实施，结果显示这些城市文化产业集群的绩效和城市规模关系不大，但与距离首尔远近却关系重大。结论是：集群发展政策思路应从文化"产业综合体"走向文化"产业区"，强调降低制度障碍，增加税收减免力度；发展重心从有形物理设施建设到无形能力的提升；降低中央政府的影响力和增加地方政府在政策中的自主性等。其他类似的研究还包括比安基尼和帕金森（Bianchini and Parkinson，1993），Brown 等（2000），苏卉（2010），张振鹏、马力（2011），王重远（2011）等。齐骥（2013a）将西方国家文化产业集群政策的目标归纳为两个方面：一是弥补"市场失灵"的不利影响，为文化产业集群发展提供完善的配套服务和良好的发展氛围；二是将文化产业集群发展与国家战略、区域发展规划、经济发展方式等联系起来，最大化地利用国家、区域的创新资源和优势要素，形成增长极，带动区域经济发展。

2. 协会和非营利组织机制

Wu（2005）指出，对于所有的文化产业集群来说，文化行业协会以及非营利组织的角色都非常重要。这类组织中有些在集群创意活动开展前就已成立，另一些则是在其开展活动过程中产生的，它们促进了信息交流，便于为完善集群整体发展环境而实施集体行动，此外，文化行业协会还能够发挥"政治游说员"的作用以提升共同利益；Wyszomirski（1999）在研究中认为，西方国家文化产业集群的发展过程中，非营利性文化组织与营利性的文化企业相比，在州和城市的文化发展规划中享有政府高额投资并受到高度重视的现象普遍存在，如协会、私人文化艺术基金会或艺术团体不仅可以享受免税待遇，而且还可以接受政府和社会的捐赠，他们在文化产业集群内有各自不同的角色与分工，如努力争取文化艺术预算资金、争取获得相关文化设施建设贷款、争取新的收入来源以及参与或影响州和地方文化政策的制定或调整；O'Connor 和 Gu（2010）研究后工业化城市曼彻斯特通过创意产业集群重塑城市形象的案例说明，创意产业发展服务组织（CIDS）作为文化企业和政策制定当局的中介显得十分重要，它要代表集群企业的声音，转达政策制定者的意图，沟通二者，服务于文化产业，使政策制定更有针对性，既要使政策服务于文化产业，又要承认文化产业的非经济需求和贡献，包括文化一体化和社会正义等。齐骥（2013a）在介绍英国政府文化产业集群治理经验中，强调了其"一臂之距"的治理特点即政府不直接干预文化产业集群的发展，而是通过成立如行业协会等中间性组织来进行协调。其他有关行业协会及非营利组织在文化产业集群中作用的研究还有宋阳（2012）、王泳波（2012）、齐春燕（2012）、金晓彤和李茉（2013）等。

3. 文化产业集群其他有关治理机制的研究

Moon（2001）回顾了文化治理概念（主要指政府的直接或间接干预），以美国的三个文化区的治理情况为例说明文化治理已经成为支持地方和区域文化活动的创新且有效的制度安排和金融安排。它还暗示文化治理的成功表现有赖于文化利益相关者的战略联盟、健康的市镇伙伴关系以及稳定的融资机制。Lazzeretti 和 Cinti（2009）采用集群方法从当地系统治理的角度，以城市艺术系统为例构建了一个多层次治理模型（集群内部、不同类型集群之间和跨区域的集群之间）。这个模型可以被用于发展建立在集群特征因素和治理特征因素基础上的文化集群战略，从这个角度研究了佛罗伦萨博物馆集群内部网络动力机制和关于集群治理的启示。Poppy（2012）提出，用新制度经济学（NIE）和新经济社会学（NES）方法来论证文化产业集群动态发展过程中的影响因素，强调正式和非正式制度因素以及社会经济因素的作用，以消除集群中的机会主义倾向、"搭便车"和内向发展的弊端。

（二）治理结构相关的研究

关于强调政府对文化产业集群的重要促进作用的研究，如 Hallencreutz 和 Lundequist（2003）认为，集群分析方法就是把以公司为中心的发展战略转变为以区域经济发展为中心的发展战略。在集群初创时期，关键是识别和培育区域竞争优势而不是大规模的公司集聚，集群驱动者和市民企业家对发起和实施集群战略至关重要，其中，公共部门（政府）起着重要作用（提供基础设施、财政）；然而，集群的视角是创造支持公司竞争力的物理的、社会的环境，政府集群政策往往是被动反应而不具有前瞻性，过分强调政策的作用可能是危险的，持类似观点的还有 Shaun（2008）、盖宏伟（2010）；关于文化产业集群中"企业家型政府"角色的研究，如 Zheng（2010）和 Wei-Hsin（2011）用中国新出现的城市文化产业集群现象来探索地方政府在城市发展中的本质、角色和方式，运用定量和定性的研究方法进行研究，结果表明：地方政府（上海）具有强烈的收入导向本质，强调企业家型政府作为他们特征的重要维度。他们为了城市经济增长和自身的经济利益，自发将城市文化空间转变为新的利润产生器，他们直接参与到与文化产业集群有关的业务中，而不是作为一个独立的机构通过政策和法规来有效规制文化产业集群中的企业。

Berg 等（2001）认为，文化集群发展的特定条件首先是使集群顺利运行和获取经济优势的作为"关键大众"的集群主体;其次是驱动集群发挥功能的旗舰（领导型企业）;最后是基于信任和支持角色基础上的集群主体的互动。经济合作与发展组织（OECD，2005）的报告[①]指出，文化区不能从零开始或没有传统基础，所以文化区治理需要包括公司、大学、当地公共机构、特定行业协会和其他相关主体在内的一切可能的角色参与和结合，这个论点假设这些角色之间存在合作与竞争的共生关系或可能产生阻止共享愿景和目标的利益分歧以及需要集群治理的清晰议程。Mommaas（2004）考察了荷兰的文化集群，发现其中的一些如鹿特丹和乌勒彼支的博物馆集群不设管理中心，参与主体和地方政府偶尔集合在一起讨论社会活动和区域维持;阿姆斯特丹文化集群有集中的管理部门对租约进行谈判、建筑物分配、组织社会活动和推动混合的金融支持等;再者还有一些集群如蒂尔堡采取了折中的解决方案，即地方政府对集群主体（企业）的协作有支持的义务。这些模式尽管存在差异，但真正关键的是集群能够产生内在的发展动力。Cinti（2007）在意大利的文化集群案例研究中表明：和国际经验相比，意大利的文化集群治理基本依赖公共机构参与者，而私人机构则处于边缘角色;然而，公共与私人机构的对话协商已经被公认为是集群发展的关键因素，但在意大利，战略方案和规划几乎都是掌握在公共机构的手里，尤其是地方政府手里，很难想象已经发生在美国的私人参与者作为文化区的直接管理者。Valentino（2003）认为，对文化集群参与者之间共享目标的最适合的界定是"区域契约"，它是一个联合的动态战略，旨在协调、监督和为整合各种单个个体负责的项目活动寻找解决方案。一个聚焦于文化集群的项目意味着开始了"自上引导自下实施"的生命周期。而Lazzeretti（2003）则采纳了一个完全"自下而上"的观点，认为集群发展最初的过程一定是自发的，文化区的形成条件是可持续的而不是来源于政府的创造。从这个角度而言，当地社区是文化区经济和社会发展的基本组成部分，所以治理必须依赖经济的、非经济的和公共部门组成的网络。张凌云（2012）在对西方文化园区利益相关者的研究中探讨了西方（欧洲、北美）国家文化产业集群中的利益相关者的角色、地位和关系。

---

① OECD. *Culture and Local Development*, Paris：OECD, 2005.

三、关于集群治理及文化产业集群治理研究的述评

（一）关于集群治理研究述评

一是关于集群治理的概念严格来说并不成熟，不同的学者从各自的角度（集群治理的目标、内容、特征、结构和机制）进行描述，很多甚至不能被称为"概念"，缺乏更深入和全面的认识和概括。

二是关于集群治理机制的研究已成为集群治理研究的焦点和核心，但也最为发散，不同的学者从不同的角度和目的出发进行不同的阐释，机制分类显得纷繁复杂。不过总体而言，集群治理机制是一个与交易环境相匹配的复杂体系，既可能包括非正式的网络治理机制（信任等）也可能包括正式的治理机制（政府机制）以及以非正式为主兼正式为辅的协会机制。各种治理机制的特点在集群中的交互作用较少被研究者关注。

三是目前的治理结构研究主要侧重于分析集群内企业之间的权力分布关系，对政府与企业、政府与协会、企业与协会之间的权力分布关系的研究缺乏或很少涉及，这种分析模式不符合中国现阶段的产业集群（尤其是文化产业集群）发展的国情。

四是关于治理机制、治理结构、集群行为与治理绩效四者之间关系的研究较少，即使有，四者的关系缺乏整体性，没有揭示清楚其内在的联系。单独从集群治理机制、治理结构和集群行为的角度探讨与治理绩效关系的也不多见，而且尚没有系统的经验验证。

五是集群治理是一个集经济学、社会学、管理学、政治学等多学科于一体的理论和现实问题，现有的研究不够系统、成熟，主要是缺乏核心理论基础，概念模糊，缺乏公认的理论框架，研究方法上存在定量化不足。

六是极少考虑到不同集群行业的特性，集群治理缺乏针对性和实践指导性。

（二）关于文化产业集群治理述评

一是西方文化集群治理文献中没有区分文化产业和文化事业，研究焦点在

"治理"与"政府"之间转换；现有的有关治理结构的文献偏重于研究政府与企业在集群中的地位和角色，治理机制方面侧重于对政府机制的研究，而治理绩效的研究几乎都是与政策治理效果相联系，更谈不上对治理机制、治理结构、集群行为和治理绩效四者之间内在关系的探讨。

二是国内外关于文化产业集群治理的研究还围绕在各国政府治理案例的经验总结和集群发展战略上，没有形成系统的文化产业集群治理研究框架，尤其是对我国文化产业集群治理的研究而言，显得更加不足。

综合以上集群治理和文化产业集群治理的相关文献及述评可知，目前国内外集群治理和文化产业集群治理还处于探索阶段，系统性分析较少。鉴于此，本书试图整合现有的集群治理相关理论（治理机制、治理结构、集群行为、治理绩效），将它们运用于文化产业集群治理中，系统总结和构建我国文化产业集群治理的理论基础以及理论框架，然后再运用多案例研究法进行理论验证，得出相关结论、启示和建议。

第三节 文化产业集群治理的理论基础

一、集群治理的相关概念

（一）什么是治理

"治理"（Governance）作为"操纵、控制和引导"的含义，在英语国家已经使用了几百年，与"统治"（Government）一词交替运用于与国家公共事务相关的政治活动和管理活动之中，但直到 20 世纪 90 年代才真正流行起来。不同学科的学者以不同的视角解读"治理"，不仅使其在经济学、社会学、公共管理学和政治学中广为流行，而且其含义也与"统治"相去甚远（俞可平，2008）。

治理理论的兴起主要源于对 20 世纪 70 年代凯恩斯主义的质疑和对 20 世纪 80 年代新公共管理改革的反思，认为单纯依靠国家的"有形之手"或市场"无形之手"难以达到社会资源的合理配置，寻找新的社会资源配置方式以及对国家、市场和社会的重新定位,成为实践与理论的双重迫切需求;另外,从国际层面上看,20世纪90年代以来全球政治经济一体化趋势加剧,衍生了大量超出个别国家治理能力及范围的公共问题,其最大特征是公共性和不可分割性,要求以"全球治理"的方式来加以解决。于是,"治理"成为国际学术界最热门和前沿的理论问题之一,并逐渐发展成为一个运用广泛、内涵丰富的理论。

目前,治理还是一个不断发展和更新的概念,一般把它作为跨学科的桥梁,尚未有公认的定义。治理理论创始人罗西瑙(2006)将治理定义为:由共同目标支持,无正式授权但能够有效施加影响的一系列活动领域里的管理机制及活动;治理的关键是要在各种不同的利益领域取得一致或者认同,以便使计划得以实施(联合国社会发展研究所副主任阿尔坎塔拉,1999);罗茨(Rhodes,1996)认为,治理是一种以新的方法来统治社会的过程,并提出基于最小国家、社会控制体系、新公共管理、自组织网络、公司治理以及善治六种治理的适用范围及内涵;新制度经济学学者对治理的定义是:创造秩序、缓和冲突并达到共赢的方法和手段(Williamson,1979);联合国全球治理委员会(1995)在一份题为《我们的全球伙伴关系》的报告中给出的定义具有很强的权威性和代表性并逐渐形成共识。该报告对治理作出了如下界定:治理是各种个人和机构(公共或私人的)协调其共同事务的许多方式的总和,是调和不同的或相互冲突的利益和开展集体行动的持续的过程,它既包括强制人们服从的正式制度和规则,也包括各种非正式的软性的制度安排。报告还指出治理应具有四个鲜明的特征:过程性、协调性、主体多元化、持续互动性。

(二) 治理、统治及管理

"治理"作为一种适用范围广泛的新兴理念,与"统治"相比有很大的差异。虽然也和统治一样需要权威和权力,但二者在权力主体、利益关系、权力运行方向、协调手段等诸多方面存在较大差别。治理和管理在权力运行方向、协调手段、协调方式、协调机制等诸多方面有类似的地方,但二者最大的不同在于,治理是对应于多个不同主体的协调,而管理只是针对单一主体内部的协调。具体三者的区别如表1-3所示。

表 1-3 治理、统治和管理的区别

指标	治理	统治	管理
权力主体	多元主体	政府	所有者或代理人
利益关系	网络关系	单向线性	上下结合，以线性为主
权力运行方向	上下双向互动	自上而下	上下互动，以上为主
协调机制	正式与非正式制度	正式制度	以正式制度为主，非正式为辅
协调手段	灵活、多元化	简单、单一	多样化、层次化
协调方式	协商、合作	控制、命令	要求和协商
作用目标	调和各方利益、促进集体行动	管理公共事务和维护秩序	效率和效益统一
应用范围	公司、集群、国家、国际等	国家、政府	正式及非正式组织

二、产业集群的性质及治理

（一）产业集群的性质

20世纪80年代以来在全球经济版图上大量出现的产业集群现象是作为市场需求不确定、竞争激烈条件下生产组织垂直一体化分离的产物，在世界发达国家的经济构成中贡献突出，它们往往呈现高度的集聚化、专业化和规模化发展特点，并表现出"经济马赛克"① 特征（齐骥，2013b）。目前的产业集群研究大都建立在经验研究的基础上，对于产业集群的性质或本质是什么，各国都有不同的理解。Roelandt在经济合作与发展组织（OECD）的一个研究项目中对产业集群的性质进行了较好的总结和归类，具体如图1-1所示。

---

① "经济马赛克"指的是产业集群（簇群）的现象在一个地区像一片马赛克镶嵌在土地上，其最大特征是系统集成、产业强大。据资料介绍，20世纪90年代中期，美国380个产业集群创造了全美近60%的GDP。

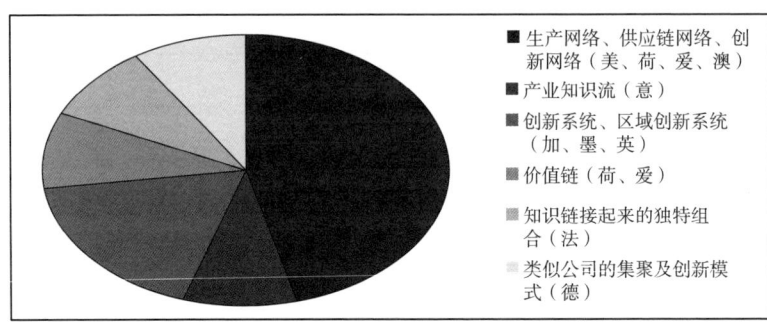

图1-1 不同国家学者对产业集群性质的理解

资料来源:根据苏江明:《产业集群生态相研究》,复旦大学2004年博士学位论文,第64页的资料修改。

根据图1-1中的观点可以看出,产业集群本质上是一种生产和创新的网络组织形式,侧重于考察集群内企业与机构间的网络联系。产业集群如同Maillat等(1993)对网络组织的分析一样也存在包括经济维度、认知维度、社会维度以及规范维度等多个维度和层次的理解。首先,从产业组织理论的角度看,在产业价值链垂直分解的状态下,集群内的中小企业通过专业化分工、经济技术联系、集体学习以及知识外溢等联系,在长期竞争与合作的互动中形成了集群的弹性生产网络和创新网络;其次,从"社会嵌入"理论来看,集群中的企业和机构之间的联系还包含了大量的非贸易联系,无法脱离人们所处的社会关系和文化背景,因而在长期的互动中又形成了集群的社会网络(Granovette,1985;Amin and Thrift,1992);再次,从交易成本理论来看,产业集群是处于纯科层和纯市场组织之间的一种中间性网络组织(Thorelli,1986),是融合了市场机制、等级机制、社区规范,以及法律法规、政策及协会章程等诸多协调机制的载体;最后,在生产贸易全球化时代,产业集群还是全球价值链的一个组成部分。因而,产业集群是集合了柔性生产网络、社会网络、知识创新网络、规范网络的一个混合体,并嵌入全球网络中。如图1-2所示。

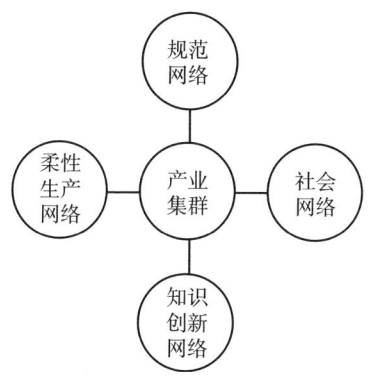

图 1-2 产业集群作为多个网络的混合体

(二) 产业集群治理的内涵

目前,有关产业集群治理的定义主要有三个维度:第一个维度是从集群集体行动的角度进行的定义,如集群治理是集群内成员目的明确的促进创新的集体行动(Gilsing,2000);第二个维度是从集群参与者权力关系及分布(治理结构)角度进行界定,如集群治理是跨企业和机构的战略决策权力分布和结构(Sugden et al,2006);第三个维度是从治理机制的角度进行定义,如集群治理是协调集群成员互动的各种机制的关系及组合(Langen,2004)。

综合集群治理的定义,本书认为集群治理是协调集群成员权力分布、互动行为的各种治理机制的组合,其目的是形成集体效率(治理绩效),构建集群可持续竞争优势。

从经济学的角度理解,治理是一种交易模式或治理机制,产业集群治理是把治理理论运用于产业集群这样一种介于市场和企业之间的网络组织形式之中。然而产业集群是网络组织中的一种特殊形态,其复杂性大大超过一般的网络组织(其主体主要是由企业构成的,如战略联盟、下包制、供应链),所以产业集群治理机制比一般网络组织也要复杂得多。理论上,产业集群的主体一般包括相关联的企业、政府、协会(或其他非营利组织)、高校和科研组织、金融机构等支撑机构。集群参与者之间相互独立、关系复杂,除了形成各种网络关系外,还存在纯粹的市场关系或准层级关系（如领导型企业与配套企业）；另外，政府所提供的法律法规、支持政策、协会的自治章程等正式或准正式的制度都在集群内起作用。因此，集群治理是协调集群参与者之间互动的各种治理机制的总和，这些机制既包括作为自组织的集群网络自发生成的各种网络机制，也包括领导型企业机制、政府机制以及协会机制。集群治理机制如图1-3所示。

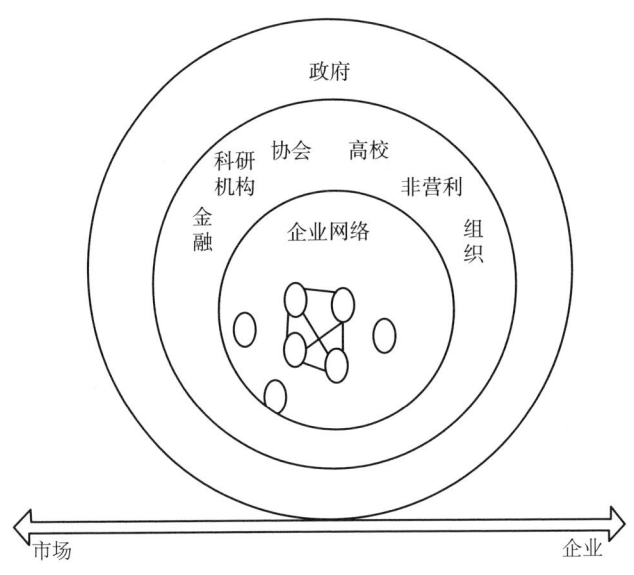

图1-3 集群内部各种治理机制

现实中，不同集群的参与主体不同、参与程度不同，其治理机制也存在差异。如美国的产业集群中行业组织作用较大，地方政府参与较少，除联邦政府法律、法规外，地方政府政策支持较少；而我国的产业集群地方政府介入较多，政策密集，但行业协会或商会缺失等都会导致集体治理机制的区别。

治理机制作为集群治理的核心内容，是协调集群行为（抑制机会主义、"搭便车"等负面行为，激励正面的合作或集体行动）的各种正式的、非正式的制度或规则，理论上主要包括正式的政府机制及其他非正式的领导型企业机制、网络治理机制和半正式的协会机制。需要指出的是，市场机制在集群治理中对协调和促进集群企业和机构之间合作方面的直接作用不显著，不作为重点讨论的对象。

在国外文献中，治理结构并没有得到和治理机制一样的重视，主要是由于国外发达的市场经济条件下政府、社会、企业在集群中的权力关系已经比较均衡。在我国学者眼中，治理结构被作为治理机制作用下某一个阶段的主体权力关系状态，随着治理机制作用的变化而变化（周泯非、魏江，2010；杨慧，2007）。不过他们大都关注的是集群治理的微观治理结构（企业与企业之间）状态，而且也没有将其作为研究的重点。本书认为，集群治理结构包括宏观的政府、协会、企业三者的权力关系和微观的企业间权力分布关系两个层次，是集群治理机制作用下的产物，又可以反作用于治理机制，与治理机制共同作用于集群行为，而不同的集群行为会导致不同的治理绩效。

本书认为在市场经济条件下，集群中独立自治的主体间的竞争性行为是自然存在的，但是集群主体之间的双边合作或集体行动却不能自然产生，需要相关机制的协调作用，因此，集群治理绩效作为集群集体行动和双边合作的产物并不能自然产生。正如 Duhaime（2002）所说，网络组织并不是天生具有产生协同效应的能力，没有理由认为只要形成网络就会自然地产生显著的绩效。集群治理绩效是集群各行为主体交互作用的结果，是在治理机制协调下产生的协同效应（或集体效率）。本书在文献梳理中已经提到集群等网络组织的绩效目前难以衡量，因此，本书并不打算直接测量集群治理绩效，而准备采取案例研究方法，对不同集群的治理机制、治理结构、集群行为进行比较，探讨不同集群的治理绩效存在差异的原因并找出改进的办法。

根据文献综述可知，目前集群治理的相关研究还处在探索阶段，关于治理机制的研究是集群治理研究的中心，治理结构也是其中的一个重要的研究视角，对集群行为、治理绩效的研究相对缺乏，而且现有文献一般分别或者两两结合进行研究，还未见把四者结合起来深入解剖的相关研究。本书试图分析集群治理机制对治理绩效的影响机理，把治理机制、治理结构、集群行为和治理绩效四个方面综合起来进行论述，建立一个比较系统、全面的研究框架并对之进行验证。

由于产业集群和治理都是跨学科的概念，要构建集群治理的理论框架，需要对现有的相关理论基础进行梳理，并借鉴多学科理论形成集群治理坚实的理论基石，其中包括交易费用理论、网络治理理论（融合了资源依赖理论、交易成本理论、社会网络理论)、集体效率理论(融合了外部规模经济理论、集体行动理论)、多中心治理理论(融合政治学、社会学、经济学、新制度经济学、新公共管理)。

三、文化产业集群治理的理论基础

(一) 威廉姆森的交易成本理论

交易成本理论通常被认为是新制度经济学的理论内核,"交易成本"是其基本的分析工具。交易成本的概念由科斯(1937)在《企业的性质》一文中首次提出,科斯通过交易成本论证了企业的存在,打破了新古典经济学的一元资源配置机制(市场)论,提出企业和市场是两种可以替代的资源配置的"二元"机制论。威廉姆森的交易成本理论被认为是研究"治理"问题的基础性理论,其理论的出发点是将经济系统中行为者之间的交易抽象为各种形式的契约或合同,这些合同的总体履行状况决定了经济活动的运行质量。然而,经济系统的环境或结构中始终存在多种不确定性,加上签订契约的行动者是有限理性和机会主义者,一般无法准确估计未来的变化而预先签订完备的合同或契约,所以在契约或合同履行的过程中任何一方都有可能因投机行为而违约导致交易成本的提高。所以,对不完备的契约或合同关系必须要进行治理以提高经济运行的效率。威廉姆森(Williamson, 1979)定义"治理"为"营造秩序、减轻冲突和实现共赢的手段和方法"①。具体而言,治理的目的是通过设计合理的制度或安排来推动契约的有效签订及顺利履行,从而降低签约双方的交易成本。他根据"资产专用性、不确定性和交易频率"三个交易条件来识别不同的契约或合同类型及相应有效的治理机制,其中,资产专用性的交易条件对治理机制的选择具有决定性的作用。也就是说,在不考虑不确定性条件下,无论交易频率高低,资产专用性低的合同,基于价格和竞争的市场机制都是其最有效的治理机制;当资产专用性很高时,基于权威的科层制(企业)将是最有效的治理机制;而当资产专用性处于中间水平时,

---

① Williamson, O. E. "Transaction-cost Economics: The Governance of Contractual Relations", *The Journal of Law and Economics*, Vol. 22 (2), 1979, pp. 233–261.

则"中间性"或"混合"机制成为最有效的治理机制。更直观的表达如表1-4所示。

表1-4 不考虑不确定因素条件下的交易条件和治理机制

	资产专用性（低）	资产专用性（中）	资产专用性（高）
交易频率（高）	市场机制	混合机制	层级机制
交易频率（低）			

威廉姆森交易成本理论的贡献在于突破了科斯的"二元"制度分析框架，提出了介于科层和市场之间的"中间性"制度。但不可否认的是，其理论还存在一些局限性（魏江、周泯非，2009）：忽视了经济活动的非交易本质，导致信任、声誉和社会文化等非正式制度因素没有进入可行的治理机制的范围；没有深入地去探究混合机制的"黑箱"，对战略联盟、企业集团和产业集群等"网络组织"的治理活动无法做出更多的解释。

（二）网络治理理论

1. 拉森（1993）[①] 的"组织间协调"理论

从科斯的市场与企业"两分法"到威廉姆森的企业、市场及混合机制的"三分法"，都没能清晰地勾勒出企业、市场之外的企业间合作的本质。Larsson（1993）在大量调查和研究了组织间关系理论的基础上，提出了新的治理机制"三分法"（市场、组织间协调和科层），并且借用钱德勒的"看得见的手"和亚当·斯密的"看不见的手"等关于企业和市场的隐喻，他形象地称"组织间协调"（在网络理论文献中即网络组织）为"握手"。Larsson 在威廉姆森研究的基础上，用"特定资源依赖"替代资产专用性，并考虑了交易内在化、外在化的成本，信任程度高低和召集成本等因素的情况下提出了如下命题：在交易外在化运行成本较低的条件下，不确定性、交易频率和特定资源依赖越低，越可能倚重市场之手来协调；在交易内在化组织成本较低和经济行为者信任度也低的条件下，

---

① Larsson, R. "The Handshake between Invisible and Visible Hands", *International Studies of Management & Organization*, Vol. 23 (1) 1993, pp. 87-106.

交易频率、不确定性和特定资源依赖越高,则越可能由企业之手来协调;在行为者之间信任度较高、召集协商成本较低和交易内在化组织成本较高的情况下,特定资源依赖、不确定性和交易频率越高,则越可能通过组织间的契约或隐合同(网络)来协调。具体如表1-5所示。

表1-5 拉森的组织间协调及与市场、企业三种治理机制的关系

	治理机制		
	市场	组织间的协调(网络)	企业
外在化成本	低		
内在化成本		高	低
信任程度		高	低
召集成本		低	
特定资源依赖、不确定性、交易频率	低	高	高
协调特点	自动调节	联合调节	强制调节
协调手段	价格	契约和隐性合同	权威

尽管拉森的组织间协调理论已经描绘出网络治理机制的特点和轮廓了,但其还没有对协调手段的性质进行清晰的界定,比如他把信任作为治理机制选择的条件,忽视了信任作为一种协调机制的重要作用。

2. Jones 等(1997)的网络治理理论

Jones 等(1997)的网络治理理论是在威廉姆森的交易成本理论的逻辑基础上结合社会网络理论(Powell, 1990; Granovetter, 1985, 1992)形成的。Jones 等对"网络治理"的界定为"由许多创造产品或服务的自治性企业和非营利机构所构成的可选择性、持久性和结构性的网络,他们通过社会性的'隐性和开放式的契约'来适应变化的环境、协调和保证交易"①。Jones 等的网络治理理论在三个方面超越了威廉姆森的交易成本理论:首先,他们加入了"任务复杂性"的交易条件拓展了交易成本理论;其次,明确了"资产专用性和不确定性"的特定形

---

① Jones, C., W. S. Hesterly, S. P Borgatti. "A General Theory of Network Governance: Exchange Conditions and Social Mechanisms", *Academy of Management Review*, Vol. 22 (4), 1997, pp. 911 -945.

式；最后，挖掘了在威廉姆森交易成本理论中未被充分具体化和开发的"交易频率"概念，把它发展为联结交易成本理论和社会结构嵌入理论的基础。Jones等提出网络治理出现和发展的四个条件：时间紧迫下的任务（项目）复杂性、供给稳定下的需求不确定性、定制交易中的高人力资本专用性以及网络中各方之间的互动频率；他们进而指出这些交易条件的互动对"合同或契约"产生了更大的适应性、协作性和保证性要求，因为其"协作性和保证性"的要求排斥了市场治理形式，因为其对"适应性"的需求排斥了企业治理形式，因而需要一种新的治理形式来协调和保证交易。定制化任务的重复性互动需求和复杂性引致了结构嵌入（Granovetter，1985，1992），它扩展了双边关系的范围，使交易双方与相同的第三方也产生关系，这样，网络参与者就可能通过第三方与其他的参与者产生非直接的联系，大大扩展了关系的范围。结构嵌入便于扩散价值观念和标准以提高自治单元的协作水平，也便于扩散参与者行为和策略的信息以提升定制化交易的保证水平，从而为社会机制在协调和保证网络组织交易方面提供重要的基础。最后，他们提出了四种网络治理机制（社会机制）：宏观文化、限制进入、声誉和集体制裁。具体如图1-4所示。

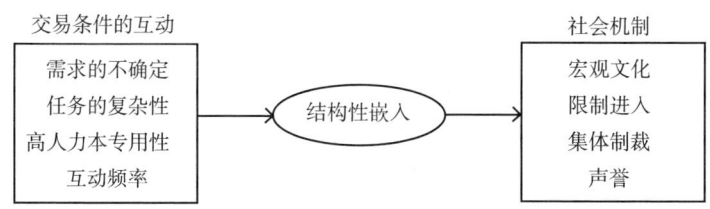

图1-4 交易条件的互动如何导致结构性嵌入与网络治理的社会机制

（三）集体效率理论

集群是由众多相关联的企业和机构组成的整体，其作用机理不同于单个企业，可以获得单个企业所不能拥有的灵活性和效率（Nadvi and Schmitz，1994），并实现了协同效应（Synergy Effect），成为集体效率的源泉。集体效率理论是建立在探讨单个企业之外的集体层面的各种外部效应基础上的思考，其贡献在于强调了集体行动的重要作用，并形成了集体效率学派。集体效率学派①其理论源头是马歇尔的外部经济理论（Mashall，1920），从中进一步挖掘，发现了与"被动"的外部性不同的是现实的区域集群发展中还存在"主动"的外部性——集体行动，为统筹二者将这种外部性与集体行动统称为集体效率。关于集群"被动"外部性的研究主要有马歇尔和克鲁格曼（Mashall，1920；Krugman，1993）所总结的本地共享的专业化的劳动力市场、中间投入品市场和技术外溢、Storper（1989）的专业化分工与协作、Porter（1998）的区域高级人才要素和Nelson（1993）的创新氛围和创新扩散等。然而，现实集群发展中的外部性并不都是正面的，新制度经济学的研究中更多的是关注如何利用各种制度安排（市场机制或政府机制）来协调利益冲突主体之间的关系——消除负的外部性（Coase，1960）。相对而言，集体效率理论更注重集群行为主体正面的协同效应即"主动"的集体效率的实现。集体效率理论认为集体行动是产业集群竞争优势的来源（Schmitz，1995，1997），特别对于小企业来说，以小企业网络为基础的多样性的集体行动对于区域经济发展能起到积极的推动作用。另外，合作与网络是小企业对抗强大竞争者并赢得市场地位的重要途径（Dini and Humphrey，1999；IDS，1997）。然而，产业集群的集体效率并不是自然而然形成的，也不能直接简单地归因于外部性，而是要通过各种利益相关主体主动的集体合作来实现。因此，集体行动和外部性构成了集群中集体效率的来源。除此之外，Schmitz（1998，2000）与Humphrey（1995）还认为集体行动除可以提升集群整体效率之外，参与企业通过集体行动增加与区域内外的广泛联系，从而获取更多资源并且表现得更好，这有利于提升企业自身在集群或全球竞争中的地位。

集体效率理论避免了仅仅关注企业内部效率，把集群负外部性要么归结为无法控制的市场行为或政府责任的"市场—政府"二元对立政策论，提供了其他改善集群整体效率的路径可能，并且把竞争优势、分工协作、创新网络、价值链和集群升级等目标或内容进行了一定的统一，并落实到具体的集体行动中。集体效率理论为集群治理机制（集群内各种机制安排）和治理结构（集群网络权力分

---

① 以Schmitz、Humphrey、Nadvi等为代表的集体效率学研究者形成的流派，在2000年左右进行了大规模的全球调研，开展一系列关于集体效率和集体行动的研究。

配）共同作用于集群主体交互行为，包括负面交互行为的抑制和正面合作行为及其集体行动的促进提供了整合思路。

（四）多中心治理理论

以奥斯特罗姆夫妇为首提出的多中心治理理论是多中心理论和治理理论的混合体，成为20世纪80年代西方新公共管理思潮的基本理念。"多中心"理论首次出现于迈克尔·博兰尼（2002）的《自由的逻辑》一书中，他在对市场经济和计划经济的比较分析中总结出"自发秩序"和"集中指导秩序"两种对自由安排的形式的优劣。他认为"自发秩序"才是真正意义上的自由，因为它形成的任务是"多中心"任务，只有靠个体相互调整才能趋向一致。而治理是不同利益主体管理或协调其公共事务的过程及诸多手段的总和（全球治理委员会，1995）。多中心理论与治理的共同特征是分权和自治，前者强调竞争性的自治，后者强调合作性自治，将二者进行融合并做出实证贡献的是美国学者奥斯特罗姆夫妇。E. Ostrom（2012）指出传统的分析公共事务的理论模型，无论是"公地悲剧"模型、"囚徒困境"模型还是"集体行动逻辑"（Hardin，1968；Campbell，1985；Olson，1965），都隐喻了"个体理性与集体理性背反"的结论，据此提出的解决方案不是市场私有化就是政府管制，而且往往得出悲观的结论。E. Ostrom 在大量经验研究前提下提出了公共事务的治理之道，即自主组织与治理的多中心治理理论。多中心对应着单中心，强调权力的分散和自治，反对政府或市场的权力集中和垄断；多中心治理体系中存在许多形式上相互独立又彼此依赖的决策中心（包括中央政府、地方政府、非营利组织、协会、社区或其他利益相关者），通过谈判和合作而不是强制的命令或行政规划来解决不同范围的公共问题。如果说博兰尼的"多中心"等同于"自发秩序"的话，那么 E. Ostrom 的"多中心"则是多个权力中心的互动以及能动设计多种治理形式和规则。多中心治理理论强调一切制度供给、承诺和监督都必须从社群自主协商出发，外部行政权威要发挥积极的影响就需要与这些自治体制相适应。但是，自主治理只是多中心治理的基础，在总结公共池塘资源治理经验的基础上，E. Ostrom 认为，治理的持续成功不能仅仅依靠单一层次的治理，为此，她还提出了包括操作、集体和宪法三个层次的制度体系。

多中心治理的优越性表现在：多种选择（多中心服务下公民的多种选择）、减少"搭便车"行为（权力制衡，合作基础上的竞争）以及更合理的决策（权力的下移，强调自治），从而避免"公地悲剧"和集体行动的"困境"。此外，多中心治理也提供了公共行政治理方式的新选择，以往公共行政管理改革总是在集权和分权（分散）之间来回摇摆，而集权和分权都存在优劣势，也并不是最有效率的形式，今后的实践中应规避这两种极端的出现。

多中心理论学者认为，但凡分析单位面临着相似的战略情境，策略和行动是相互影响和同时发生的，都可以适用多中心理论来解释。多中心治理理论在集群中的应用，对分析集群治理机制的多样性、集群治理结构的有效性以及集体行动的自主组织和治理等问题都有很大的借鉴作用。

第二章 文化产业集群治理的理论框架

通过产业集群治理的文献综述可以看出,集群治理机制和治理结构是集群治理研究的核心和重要组成部分。但集群治理机制和治理结构如何影响和作用于集群行为并最终引致不同的产业集群治理绩效,这是目前理论界和产业界普遍关注而且亟须解决的问题。根据文献综述和产业集群治理的理论基础,协调集群主体交互行为的治理机制在适应各种环境变化的要求下呈现出多样性和复杂性特征。一方面,各种治理机制都有其协作的范围和优缺点,还存在着相互协调或互补的地方,因此,理想的集群治理机制应是一个组合;而且,不同发展阶段或状态的集群,具有不同的治理机制组合,而不同的集群治理机制作用下,集群的网络权力呈现出不同的分布即治理结构的差异。另一方面,集群治理机制能否产生以及发挥怎样的功能还需集群内各种类型企业之间、企业与政府、政府与协会等相关主体间长期重复的网络权力博弈。因此,集群治理机制和治理结构互为表里,共同作用于集群主体交互行为。而集群的交互行为既有正面也有负面,集群的治理机制和治理结构共同作用能够抑制集群负面行为、激励集群正面的合作行为特别是集体行动,最后体现为不同集群的治理绩效的差异(Mistri,1999;Langen,2003)。可以说,集群治理绩效是集群治理的目标和要求,既是集群主体有意识地调整交互行为所希望达到的"集体效率",也是集群治理机制所要实现的"功能"。治理绩效越高,说明集群正面的交互行为质量越高,治理结构越有效,治理机制越健全和作用越到位;治理绩效不理想,则治理机制需要进行调整,相应的治理结构和集群行为也要跟着做出调整。产业集群治理的理论框架如图2-1所示。

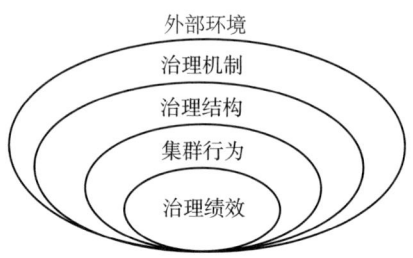

图 2-1 产业集群治理的理论框架

如图 2-1 所示的理论架构适用于一般产业集群的治理机制对治理绩效的影响和作用机理。就具体集群而言,则可能需要结合相关行业特征进行理论框架的某些修正。本章先介绍产业集群治理理论框架中的治理机制、治理结构、集群行为等概念、分类、内容和特点作为第四章、第五章、第六章和第七章案例研究的基础性理论和理论定量化的依据,然后再结合文化产业集群的产业特征探讨其特定的治理特征和治理框架。

文化产业集群是产业集群按照行业划分的一种类型,与其他制造业、农业集群没有本质的不同。所以,所谓文化产业集群治理就是指文化产业集群中影响集群网络权力分布、集群行为的各种治理机制的组合,其目的是促进集群合作(包括集体行动)以提高文化产业集群的治理绩效(集体效率)。因为本书主要是从"制度的角度"研究对集群治理绩效的影响,具有一定的普适性,所以一般产业集群治理的研究框架同样适用于文化产业集群。但是文化产业集群的产业特性对治理机制的类型、治理结构的特征、集群行为的目标、治理绩效的表现还是会产生一定的影响。

第一节 集群治理机制

根据中国社会科学院语言研究所(1985)的解释,所谓机制(Mechanisms),是指"系统内各子系统、各构成要素之间相互联系、相互作用的内在本质的工作

第二章 文化产业集群治理的理论框架

方式及运动原理"①。而治理机制被 Williamson（2005）定义为"一种互动（交易）的完整性在其中得到确定的制度矩阵"②，即为适应、协调和保证交易而设计或采用的制度或安排。根据产业集群治理相关理论可知，集群是一个复杂的网络组织形式，内含了多种利益主体和利益关系，因而也就需要各种治理机制与之匹配。

一、集群中各种治理机制的概念和内容

（一）网络治理机制

网络治理机制又称社会机制，是指在集群等网络组织治理中协调和保证交易的各种"隐含的契约"或非正式的行为规范，主要包括声誉、信任、集体惩罚和集群文化（Jones et al.，1997；孙国强，2003；张聪群，2008；廖园园，2011）。其中，信任是集群网络治理机制的基础和核心，声誉、集体惩罚、集群文化可在某种程度上加强或减弱信任的治理功能。

1. 信任

福山认为信任是一种"文化特征"，是人们从一个群体共享的价值规范和诚实、合作和互惠的行为中产生出来的一种期待，信任必然代替昂贵的监督过程，缺乏信任就是对经济运行的变相"赋税"（福山，1998）；诺贝尔经济学奖得主阿罗（Arrow，1972）指出信任作为经济活动的润滑素渗透在企业的所有交易中；信任属于一种能够降低环境和系统复杂性的简化机制，是集群成员关系的"黏合剂"（Luhmann，1979；张聪群，2008）。许多集群研究认为集群属于"高信任度环境"，不确定性因素更少，机会主义倾向更低，协作范围更大，能有效地改善集群的治理绩效（Harrison，1992）；威廉姆森认为不存在"盲目的非理性的信任"，但 Nooteboom（2000）反驳认为，信任可以建立在经历和学习带来的变化上，是否信任潜在的交易伙伴取决于集群环境。

总体而言，集群内的信任主要来源于四个方面：一是关系信任，来源于集群

---

① 中国社会科学院语言研究所词典编辑室编：《现代汉语词典》，商务印书馆1985年版，第523页。
② ［美］奥利弗·E.威廉姆森：《治理机制》，王健、方世建译，中国社会科学出版社2001年版，第479页。

成员之间的血缘、地缘、业缘、学缘和友缘等关系（李伟民、梁玉成，2002）；二是交易信任，是集群成员之间因长期频繁的交易所形成的信任（Ellickson，1991）；三是制度信任，由对法规制度的信心而生的信任（Zuker，1986）是最基础和最广泛的信任；四是文化信任，则来源于人们与所在社会文化背景和关系、活动、资源的网络的互动（Granoverter and Swedberg，1992）。

一般来说，关系信任的作用范围比交易信任、文化信任、制度信任小。文化信任、制度信任作用范围较广，最有利于集群集体行动成功开展和企业业务拓展。关系信任的作用主要取决于交易对象之间关系的紧密程度，如关系不紧密，则无法简化交易的规则，难以达到降低交易成本的目的，但如果关系过于紧密，又会导致排斥外来或新的交易伙伴，不利于集群发展壮大，还会限制创新，无视外部环境的变化，还会造成"集群内视"和"集群升级障碍"。而交易信任，应是集群内信任的主要源泉，与文化信任一样需要集群成员长期的互动和积淀。至于制度信任，取决于法律法规的完善程度、司法体系的运用成本高低。

2. 声誉

声誉是一种社会记忆，来自长期交易过程中通过自觉遵守共同契约而获得的社会评价，涉及对潜在交易伙伴性格、能力、可靠性等特征的判断：首先，Kreps等（1982）认为，信任和交易的范围可以被声誉机制放大，而且，交易面临的不确定性越大，声誉机制就越能发挥作用。特别是在集群范围内，企业与机构密度较高而且相对稳定，正式的和非正式的传播途径较多，各种正面的或负面的信息传播速度较快，声誉效应更容易得到发挥。其次，声誉效应对集群内信任水平有重要的影响。如果声誉机制作用强，滥用信任的违约行为就可能遭到集群成员的"集体惩罚"，有利于强化信任机制。因为，对于集群中的企业来说，声誉不但记载了企业曾经的交易行为，而且还给企业家的人品和形象烙上了特殊的印记，只有良好的口碑，才能带给企业家更大的发展空间。通过建立可信赖的企业声誉，不确定的交易得到保障，重复的交易合作更加容易进行，整体的交易成本得以降低，企业间信任才具有可持续性。正如张维迎（2014）从博弈论的角度指出声誉机制源于重复博弈，在多次重复博弈中，人们更多考虑的是合作的长期收益，而非短期的一次性好处，声誉机制犹如监视企业行为的"隐形"的眼睛。然而，集群声誉机制也有其局限性，如集群内传递的信息不完整或被误读也会影响声誉机制的效应;过度依赖声誉也可能导致"小圈子近亲繁殖",从而减少新的发展机会或忽视新的发展信息,不利于集群的发展(Blau, 1977)。所以,集群声誉机制有效作用的条件包括:一个比较稳定的群体、信息能够准确快速地传递,以及集体惩罚能够奏效。

3. 集体惩罚

集体惩罚事实上是一种"负强化机制",通过呈现"违规"行为的不利后果来强化可接受的行为标准,从而对交易起到间接协调和保证作用(张聪群,2008)。集体惩罚的形式有传播负面评论、群体排斥和有意破坏等。然而,在集群中实施惩罚是需要付出代价的,集体惩罚作为一种集体行动能否自我实施呢?在一个群体中,具有利他主义动机的人们明知要付出成本也会本能地惩戒其他违反社会合约(明示或隐含的)的行为(Fehr and Gachter, 2000);格雷夫(2006)则在信息快速、准确传递以及关于"违规"的共同标准存在的条件下,用博弈论模型证明了马格里布商人的集体惩罚行为是能够实现自我实施的。另外,集体惩罚的实施还可以通过"元规范"来强化,"元规范"是指对那种不对违规行为做出惩罚的人实施的惩罚(Axelrod, 1985)。因此,集体惩罚就是通过增加集群成员机会主义行为的成本来威慑可能的"违规"行为,以减少交易的不确定性和降低交易成本。现实中,集群集体惩罚很难进行,一方面是难以准确实施,在高度不确定的环境下的复杂任务中,尤其是加上高人力资本专用性的条件,合作受损方很难辨别对方是有意的"欺诈"还是真实的"误解";另一方面是需要集群文化的支撑,但大多数集群都还没有形成自己的文化特征。

4. 集群文化

集群文化是指集群企业或机构在长期的互动中形成和共享的行业的、职业的或专业的价值或期望(Jones et al., 1997)。集群文化可能来源于集群所在地域文化、集群内各种关系网或制度性资源,其扩散和传承靠各种行业媒体的宣传、行业事件(展览会、交流会、节庆)和行业(专业)知识的学习过程。集群文化在集群中的作用可表现为:用特定的简化的"术语"传递复杂的、默会知识;创造群体共同期望,使需要一起工作提供复杂产品的合作者之间不会产生歧义;为不确定情形规定普遍接受的行为准则(Williamson, 1991; Camerer and Vepsalainen, 1988)。由于存在以上三点作用,集群文化简化了集群交易伙伴间的协调程序,更适合不确定性大、任务复杂的交易，有助于降低交易成本，促进协调和保证交易。集群文化还直接影响到文化信任以及集体惩罚标准的建立。不过，集群文化机制的形成需要比较长的时间。因为对复杂任务要形成共享的理解或惯例并在集群自治的个体中进行扩散需要很长的时间，而且需要第三方的组织如行业协会或专业性教育机构在吸收和同化新成员时采用制度形式规范和传递其共同的认识或理解。

（二）领导型企业机制

领导型企业机制属于一种准层级治理机制。领导型企业指具有优越的协调技巧和驾驭变化能力的企业（Lorenzoni and Baden-Fuller, 1995），主要利用其资源和能力的"软影响"在集群中发挥协调作用。领导型企业一般掌控了集群产业价值链的核心技术或关键环节，把不重要的环节进行分包或外购，众多小企业围绕领导型企业形成了开放式或封闭式的分工合作网络。领导型企业通过制定或修改交付标准对价值链上的企业实施直接或间接的协调和控制，达到降低交易成本，提高合作效率，以及产业价值链升级等战略目标。由于集群的集体效率提高对领导型企业最为有利，因而，领导型企业最有动力投资于集群的公共基础设施，包括公共硬件（交通、通信）设施和教育培训、创新和国际化等软件设施，可有效降低集群交易成本和扩大价格协调以外的合作范围以及提高集体行动效率。但是，领导型企业可能存在垄断倾向，而且过于依赖领导型企业同样会给集群产业带来市场风险。基于所有权联系形成的企业集团子公司之间的协调不属于本书研究的范畴。

（三）政府①机制

政府是集群制度环境的主要营造者。由公众让渡并经法定程序认可的政府权力具有一定的强制力。这些由权力界定形成的法律制度体系以及集群政策是集群治理的一般标准和规则，具有普适性、强制性、相对稳定性及风险性等特点。政府主持制定的正式法规属于公共产品，为公众提供了共同遵守的秩序环境。法规与政策一旦颁布实施，无论有何争议凡是涉及的人都必须共同遵守。特定的产业

---

① 这里的政府是"大政府"的概念，包括行政、立法和司法三个方面。

集群政策融合了区域经济发展目标，涵盖了政府有关集群发展的一系列法规、资金、人才、税收等要素的制度配置。为防止与处理市场失灵和集群系统失灵问题，政府的集群治理活动将涉及规划、激励、协调等多种公共性内容，在绩效上首先必须表现出社会效益与经济效益的统一，同时能够为协调和保证个体企业之间的交易而节省费用。政府集群治理下的法规与政策体现了在维护竞争秩序、创造公平竞争环境方面的强制性特征，在规范集群内成员的经营行为、协调成员之间的关系、处理集群与外部关系等方面提供了可参照的标准。一般来说，政府制定的法律法规具有长期性和稳定性，而产业政策、集群政策等则具有一定的短期性和灵活性特征，这样的组合既着眼于现在，也在一定程度上考虑了未来；既能为解决目前的问题提供规则，也能随环境条件的变化进行微调和改进。但在实践中，相对稳定的法规政策与产业集群快速变化的现实之间经常处于矛盾状态，这说明政府法规政策与集群实践发展的要求总是可能存在某种"非针对性"和迟滞性的风险。此外，政府也可能会因为自身的机会主义倾向而导致政策失误和发生制度偏颇的风险。

（四）集群行业协会①机制

各国定义行业协会都是立足于本国环境与实用性，在具体的表达上也会有所差别，但总体上的理解是：同行企业或相关企业为达到共同目标而自愿成立的组织或团体，具有民间性、自愿性、自治性以及非营利性等特征。从治理层面理解，Lindberg 和 Hollingsworth（1991）把行业协会作为与国家、企业、市场、非正式网络等相并行的制度或机制。国内学者余晖等（2000）将行业协会理解为与公共秩序相区别的具有组织化性质的私人秩序。而郁建兴等（2004）认为，行业协会是经济组织的再组织，具有社会和经济双重属性；从形成机理来看，行业协会具有弥补政府和市场调节缺陷的功能，可向社会提供视同俱乐部产品式的产品和服务，并且激励成员企业重视社会效益与经济效益的一致性问题的集体行动机制。产业集群实质是一种独立自治的企业和机构之间的结块或竞合关系，一般缺乏"中心代理人"角色。即使集群内已经存在协调各种主体关系的网络治理机

---

① 本书的行业协会包括商会、行业联合会等组织。

制、领导型企业机制以及政府机制，但网络治理机制作用范围较窄，容易排斥新的合作伙伴，领导型企业机制则可能导致垄断或不民主的集群氛围从而不利于集体行动开展，而政府的法规政策则可能因缺乏必要的信息和集体行动激励而出现失灵。为了降低集群中经济与社会关联活动中的交易成本，减少个体行为的投机性，提升集体行动的效率，产业集群需要在制度上设计更为有效的组织与规则。产业集群协会在沟通信息、协调上下左右和里里外外的关系，以及成员激励等多个方面占有独具一格的优势，既可以弥补"网络治理机制"作用狭窄的缺陷，又能够在一定程度上克服领导型企业机制的"垄断"趋向和政府政策法规实施的高成本和高风险。另外，协会作为"产业集群的中心代言人"能够发挥对外集体谈判的优势，包括对政府出台支持性或限制性政策进行游说，对外进行产业战略合作的联络以及在开拓国际市场中对国外政府、市场及相关公众与集群成员的利益关系进行协调等。随着集群规模的发展壮大，协会的组织与协调地位将会越来越重，在推动和引导产业集群发展的过程中，行业协会将发挥中流砥柱的作用，并将成为集群治理的主导者、集体行动的组织者和实施者。

二、各种治理机制的性质及优缺点比较

集群内各种治理机制相互作用，共同协调集群成员的利益纠纷。权力分布和交互行为，产生集体效率。不同机制具有不同的性质、优点和缺点。它们之间的比较如表2-1所示。

表2-1 四种治理机制的性质、优缺点比较

	网络机制	领导型企业	行业协会	政府
性质	自治	自治	自治为主兼他治	他治
治理工具	社会资本	能力或影响力	协会章程或法定	法规政策或资源
特点	柔性	柔性略带刚性	刚柔兼具	刚性（强制性）
优点	实施成本最低	作用范围较广、实施成本较低	作用范围广、实施成本中等	短期见效快、作用范围最广
缺点	作用范围窄，可能导致锁定效应	可能导致垄断或市场风险	可能出现会员太少、缺乏合法性	实施成本最高，可能导致干预过度或不足

第二章 文化产业集群治理的理论框架

首先，从性质上看，网络治理机制或社会机制是自治型机制，主要依靠集群成员之间的信任、声誉、集体惩罚、集群文化等非正式规则对交易进行协调和保证，属于自我实施的范畴，故实施成本最低；而且网络治理机制属于集群成员之间互动形成的激励和约束机制，相比协会、政府机制而言不具有强制性，在实施过程中容易协商和调整，因而更富有柔性或弹性。然而，网络治理机制是集群成员在长期互动中形成的无形资本，形成周期较长，容易局限在集群范围内，协调作用范围较其他机制要窄，而且网络机制作用过强容易造成"内视"，即只关注集群内部的合作，忽视通过与外部的信息交流和合作来增强集群发展的能力，在经济全球化的背景下，容易形成"锁定"（思维僵化、集群升级困难）等问题。

其次，领导型企业机制是领导型企业通过其影响力或市场地位对其他企业产生的协调功能，属于"自治"的范畴，也具有协商的弹性，治理成本相对协会机制、政府机制要低。但不同于网络治理机制完全的平等性，其中包含了一种不得不合作的"不平等"的意味。其作用范围可能比网络治理机制广，超出集群范畴对其他地区、全国性或国际上集群企业产生影响，但可能比协会和政府机制作用范围要窄一些。缺点是可能会走向垄断，排斥和打压中小企业或者集群过度依赖领导型企业的发展，一旦领导型企业决策失误，将波及众多为之配套的企业甚至将出现集群的衰退。

再次，协会机制在不同的国家存在不同的性质。英美法系的英国和美国行业协会基本上属于同行业企业自愿（英国金融业除外）设立，依据"协会章程"进行自治；而大陆法系的国家如法国、德国。法国完全是按照法律授权设立，承担法定任务，属于"他治"性质，德国既有公法协会，也有私法协会；既有根据法律特许成立的"他治"协会，也有根据企业意愿成立的民间性"自治"协会；受大陆法系和英美法系影响的韩国和日本其行业协会性质比较特殊，日本行业协会基本"自治"但受政府引导影响，韩国行业协会除了"他治"、"自治"性质的还存在"半自治和半他治"性质。但一般来说，行业协会的"自治"性质是主流。通过协会章程或法律授权，对成员行为实施协调和规范以及服务功能，比政府机制弹性要高且实施成本低，但比网络治理机制或领导型企业机制柔性低，实施成本高。协会协调在或治理范围可能比网络机制和领导型企业机制要广一些，集群协会在协调集群内部成员利益，代表整个集群利益与政府沟通协商，与外部集群展开合作，组织集群集体行动等方面具有优势。但集群协会的作用发挥受限于会员的数量，会员越多，合法性越强，协调能力越强。

最后，政府提供的法律、法规和政策机制对于集群企业而言，明显是"他治"性质，其实施具有明显的强制性和刚性。完善的法律法规和健全的司法体系作为"私下协商"的庇护是任何其他方式都无法代替的，而且集群政策可能短时间内迅速见效，作用范围最广，可能作用于集群企业间网络治理机制的形成、领导型企业机制和协会机制的调整，是作为协调和保障交易的必不可少的机制之一。但立法、司法和行政程序导致实施成本最高，不到万不得已，集群企业之间不会诉诸法律手段来解决纠纷，并且政策的相对不稳定性可能使集群参与主体缺乏稳定预期而做出一些短期性的行为从而影响集群的长期发展。

总之，不同的治理机制各有其优缺点和适用范围，集群治理就是要综合各种治理机制的长处协调集群成员的利益矛盾，降低交易成本，促进合作（双边或多边），提高集体效率或治理绩效。

三、文化产业集群治理机制特点

文化产业集群治理机制既包括与一般产业集群治理共性的治理机制，也包括其独特的治理机制，而且即使是共性的治理机制也呈现出相应的特点。

（一）共性治理机制的作用特点

一般产业集群的治理机制同样适用于文化产业集群，但由于文化产业的特性使其在作用的类别、程度、范围上可能会有所不同。

1. 在任务复杂性，市场高度不确定性的条件下，制度信任、集群文化更重要

文化产业集群中影视节目制作、演出等集体创作项目，质量标准难以评估，市场价值实现的风险很高，不完善的合同很难保证不会出现纠纷，所以网络治理机制中，制度信任、集群文化可能在文化产业集群中的作用更大。作为一种自组织的协调机制，制度信任更适合处理这种高不确定性下的高风险，即在遇到合同

不能履行时，交易双方在"法律庇护下"，展开积极协商，更有利于解决问题。集群文化对于协调复杂任务下不同参与者之间目标一致性和行为的规范性方面有重要作用。

2. 文化产业集群是"高流动性和高开放性网络"，关系信任、交易信任比较难以形成

因为文化产业集群是高人力资本专用性和低有形资产专用性的集群，企业资产主要是高人力资本的人才，所以流动性很强，集群进入和退出门槛相对较低，跨集群合作较多，网络开放性较高。文化企业的高流动性和高开放性导致集群关系信任较一般产业集群更加难以培养，交易信任水平也可能较低。

3. 文化产业是"高创作成本和低复制成本"的产业，政府机制对版权的保护更显重要

文化产业的盈利模式是以对知识产权的创造、维护和使用为基础的。创新成本高，但盗版成本极低，如果不能有效地维护创造和使用"版权"的个人或公司的利益，文化产业的创新活动将难以为继。所以，知识产权法律中最重要的"版权法"，必须随着时代的变化、技术的变化、使用形式的变化进行相应的调整，而且要注重对使用者的法律保护，因为知识产权只有在运用中才能产生真正的价值。因此，政府在版权保护法律体系的完备性，司法和执法上的作用最为关键。另外，文化产品具有的"生产集聚化、流通全球化"特性，引致版权的全球授权和使用，更增加了保护的难度。

4. 文化企业集群中，协会机制的作用范围可能更大

一方面是因为文化产业的智力产业特性，规模普遍较制造业集群小，数量庞大，协会机制的组织作用更大。另一方面是文化产品质量难以鉴别，缺乏统一行业标准，市场监管比较困难，行业协会的仲裁、制裁能起到很好的协调作用。再有，文化产业创作人员发挥创造力就是要突破条条框框，冲破束缚，追求自由的创作空间，政府行业主管部门对文化产品内容管理"太紧"则压抑了创新积极性，"太松"则可能出现意识形态不健康的问题。所以，通过文化协会自律的方式可能对文化产业的创新更有裨益。

（二）独特的治理机制

由于文化产品特有的"社会效应"或"准公益性质"，文化产业集群中一些非营利文化组织能够发挥其相应的治理作用。所谓非营利组织是指独立于政府和市场，其宗旨是为公众服务，其利润不能用于分红，其资金来自不同组织的公益性团体。一般来说，大部分国家的非营利组织包括互益性的协会组织，本书采用的是美国的非营利组织分类，不包括行业协会。而且非营利组织一般都享有免税和接受捐赠的权利，在美国，非营利组织就是指具有免税资格的公益性组织（王泳波，2012）。非营利组织的资金主要来自政府补贴、社会捐赠和自营收入三个方面。非营利文化组织如艺术中心、艺术基金会或艺术管理办公室等能够以推介项目、提供资金、采购及法律援助等方式开展工作（寒恺，2009）。非营利组织提供各种公益产品，如各种讲座、展览、演出、文化艺术节等，这些公益产品除能够满足公众高质量和低成本消费需求，培育潜在的文化消费市场外，还能带动集群文化企业在某些社会效应高的项目上的集体行动，如文化企业联合竞夺非营利组织招标采购的文化项目或者集体合作创作出社会效应高的文化艺术精品，从而获得相应的资金支持等。非营利组织还可以充当政府与商业文化企业的中介人，承担政府委托的公共文化项目的提供或购买，或资金分配等功能。对于一些营利性弱，但社会效益较高的实验性视觉艺术、演出、出版企业或艺术家，非营利组织的作用可能会更大。

第二节　集群治理结构

产业集群是由独立自治的企业和相关支持性机构在一定的地域形成的群落（Langen，2003），包括企业、政府、协会、高校科研机构、银行、风险资本、中介以及非营利组织等不同性质和不同使命的群体。概括而言，集群中的组织主要分为三大主体：政府、协会、企业网络。企业网络包括生产企业、供应企业、销售企业、市场中介等。由于涉及自治独立的多元主体，集群中存在多元目标和多元利益的冲突，如何保障集群主体之间的最佳协作，发挥集体行动的效力,提升集群的治理绩效,需要有一个相互制衡的集群权力结构即良好的治理结构。

集群治理结构是集群的各种主体在长期共同演化过程中形成的以权力分配为基础的企业间的关系(Propris,2001),是集群治理机制运行和作用下某一个时间截面的"状态量",不同时期集群治理结构有不同的"状态"。正如第二章文献综述中关于集群治理结构的评述所言,目前关于国外产业集群治理结构的研究没有或很少涉及政府与企业、政府与协会、企业与协会之间的权力分布,不符合中国现阶段文化产业发展的国情,也不符合本书的分析需要。主要是因为西方市场经济发达的国家早已形成了明确和制衡的"政府与企业关系"、"政府和协会关系"、"企业和协会关系"。因此,本书把集群网络权力在政府、协会、企业之间的分布称为集群治理结构的宏观层次,把集群内企业之间的权力分布称为治理结构的微观层次。产业集群合理的治理结构对于优化集群治理机制,影响集群主体的行为选择和集群的治理绩效有着重要的意义。

一、集群网络权力来源及分布

(一) 集群网络权力来源

产业集群作为一种特殊的网络组织形式,是由许多的企业、机构因相互依赖结网而成的,那么其网络权力来源何处,具有什么特点呢?

1. 权力

"权力"一词源于 potenia 或 potestas(拉丁文),权力的本源内涵是能力(米勒、波格丹诺,1992),一直以来都是政治学、哲学、社会学研究的焦点领域。在哲学领域,权力是"获取未来任何明显利益的当前手段"[①](霍布斯,1985);在社会学领域,权力是一种社会位置及其占据者的属性(帕森斯,1972);在政治学领域,波朗查斯(1982)认为,权力是一个利益集团争取其特殊利益的能力;在经济学领域,权力的应用主要涉及新古典主义关于厂商在不同市场结构下运用市场力量讨价还价的能力,以及新制度经济学关于企业运用权力(权威)配

---

① 托马斯·霍布斯:《利维坦》,商务印书馆1985年版,第62页。

置资源以节约交易费用等（朱启才，2008）。关于权力的产生存在很多不同的看法：权力来自法定、强制、专家、奖赏和参照等因素（French and Ravon，1969；转引自罗宾斯，2005）；Emerson（1962）在《权力依赖关系》一文中指出，权力的差异主要源于相互依赖的参与者对各自拥有的有价值的资源进行社会交换所形成的依赖程度，即有价值的资源是人们权力的来源。不同资源占有者的权力大小是不同的，取决于资源的重要性、稀缺性和可替代程度（Wernerfelt，1984）；管理学者认为企业之间并非同质，权力的差异取决于企业独特的、不易转移的、特有的技术、知识以及管理等"核心竞争能力"的高低（Prahalad and Hamel，1990）。

2. 集群网络权力的来源

网络权力即一个成员企业基于自身利益与其他成员企业之间利益的共同部分所产生的一致性行为的影响力。景秀艳（2007）认为，网络权力是某成员企业在具体的企业网络中能够影响其他成员企业遵从自己的期望发生行动并实现共同性利益的能力。孙国强、张宝建、徐俪凤（2014）在《网络权力理论研究前沿综述及展望》一文中，将网络权力理解为集群网络内部合作过程中成员之间在每一网络节点上的控制能力。这其中包含成员主动变被动，或被动变主动的位移关系，即在相互影响中的能力变化现象。网络权力是集群网络运行及治理的组织基础，其大小反映了成员企业施加主动性影响的可能性。成员企业在彼此构成的网络主体权力结构中的位置和影响力，与其具有的能力、声誉以及对被影响成员利益的兼顾程度密切相关。而产业集群网络权力的主体构成相对复杂，既存在各个成员企业之间的网络权力分布，也存在各种协会以及不同层级的政府组织所构成的社会网络权力和政府网络权力体系。各种网络主体权力间的差异形成均与其存在的价值相关。不同的社会角色聚合不同的组织，不同的组织具有不同的资源及能力，由此决定了他们拥有的经济、政治和社会等功能，并且构造出产业集群中的相关角色，相应根植了集群治理主体不同的权力系统。基于集群成员间的不同地位、能力及对集群网络的作用，可将产业集群的网络权力基本表述为：在集群网络治理活动中，具有相对优势的某类或某个集群治理主体能够影响，甚至控制其他集群治理主体或成员组织的能力。分清集群网络权力主体的来源，也就是突出拥有优势条件的治理主体在权力网络中的中心地位和对集群网络发展的导向作

第二章 文化产业集群治理的理论框架

用,这不仅产生对其他成员的积极影响,也能提示自律性行为,从而触发集群成员一致行动和提高协调成员关系的效能。

产业集群集纳了多种具有相关职能的组织,不同组织都有一个共同的目标,即建设与发展好所在的产业集群以完成自身或特定组织系统赋予及委托的任务。每一个职能不同的组织都需有相应的权力、责任与利益,以便在集群网络治理中处理好相互之间的关系。在多种成员关系中,对集群网络治理产生主要影响的主体是企业、协会和政府(包括派出机构)。三种网络主体权力的来源直接影响到网络治理的结构、内容与效果。

(1)企业集群网络权力的来源。企业作为集群网络的产业主体,是政府及协会职能活动的服务对象。企业集群网络权力来源于不同企业在所处的网络中所控制资源的数量、质量和表现出的能力大小。资源分为有形与无形两类,有形资源如资金、人才、市场渠道等硬实力资源,无形资源特指以影响力为关键纽带的各种关系和资源,如信任、声誉、关注度及技术、专利、品牌和信息捕捉的能力等社会资本资源和市场资源。有形资源和无形资源的数量与质量决定了占有者的权力大小。进而可以说,凡是拥有稀缺的、重要的、不可替代资源的企业,网络权力就会大些;反之则不然。无形资源集中表现在企业的市场影响能力、竞争能力和创新能力上,是企业在集群网络中更为重要的权力来源。

(2)行业协会的集群网络权力来源。产业集群是一种或多种相关行业门类的聚集,由集群企业发起成立的行业协会不只是一种门类的行动,尤其是在特定产业集群内更具有多门类、多样化、相包容的特征。行业协会组织性质不同于权力高度集中的政府,很多活动都透露出成员选择的自愿性和管理的民主性,以及成员之间的相互监督和自律规约。作为协会理事会领导机构,其拥有的治理权力基本来自协会章程。章程实质是会员与会员之间通过协会这一组织形式达成的一种"共同契约",其中体现了成员企业委托协会领导机构谋划共同行动实现共同目标的基本倾向。除此之外,协会的权力还来自法律赋予(宪法中的结社条款或其他规定)以及政府的委托等方面。这些来源下的治理权力通常兼有"强制"和"自愿"的性质。此外,行业协会的权力大小还取决于其发展状态或发展阶段等影响因素。协会章程赋予行业协会的权力看起来只是一种软约束力量,其实通过一定程序或成员大会授予协会特定的管理权力后,硬约束权力已经产生；而且，随着协会组织服务质量的不断提高、服务绩效的深入人心以及成员队伍的不断壮大，硬约束的能力必将变得越来越大。需要强调的是，协会章程是经会员大会表决产生的，其中已经包含了成员企业将某些共同性权力让渡给了行业协会，这使得成员企业利用协会组织平台进行合作有了稳定的条件，同时也能凭借行业规章约束各自的行为，从而实现各自努力所不能达到的共同目标。在某些国家，一部分协会的权力是由法律要求或授权获得的。这些权力一方面需要获得成员企业的认同，另一方面要经过法定程序，得到政府或国家法规的批准认可及其接受相关责任的制约，以保证协会权力具备权威的同时又受到实施中的边界限制，防止滥用权力的现象发生。法律层面赋予协会的权力总是与一个国家的法治理念高度相关，也是与一个国家社会经济发展的阶段相适应的。

（3）各级政府集群网络权力的来源。在产业集群网络中，政府或其派出机构的网络权力的来源，从根本上说是来自一个国家人民大众的认可及权力的授让，而中央和地方政府权力的合法性和权限划分则来自宪法的规定。在国家大法基础上，各级地方政府的权力在《地方各级人民代表大会和地方各级人民政府组织法》中也有明文规定；此外，为了依法行政的需要，一些单项法律也授予了地方政府一定的权力。产业集群发展既要受到来自中央政府法律、法规和政策的导向制约，也要受到地方政府法规、政策的导向影响和资源控制。可以说，政府的网络权力对集群治理和集群行动有着极为重要的关系。当然，只有企业、协会和政府三种主体权力合为一股，相互沟通、相互配合、相互协调，才能提高产业集群治理的质量或绩效。

3. 集群网络权力的特征

集群网络权力是一种集群成员之间相对独立又存在交叉式联系的权力结构，这种权力状态表现出了以下三种关系特征。

（1）权力分散而不失中心。集群网络分布着许多成员，成员彼此享有相互独立的地位，每一成员都有集群网络治理的主体性权力。这是一种权力平等和权力分散的聚集状态。但从集群发展的整体认知来看，这种分散只是集群网络治理权力的必要条件，集群网络运行的实质表现是"形散而中心不散"的关系。也就是说，虽然集群治理主体是多元的，但集群是整体发展的，集群突出的是联合治理的特征，根本上寻求的是集群网络治理中对权力平等认同基础之上的合作关系。主体权力受拥有资源与能力的影响，每个成员在集群网络的权力关系上或相互之间在权力依赖和权力影响的程度上并不都是一样的。那些对集群网络发展影响更大一些的重要角色或关键行动人通常具有资源与能力的优势，这决定了他们在集群网络中拥有更大的治理能力，因此，他们处于集群网络治理体系中的主导性地位。其他治理权力主体总是关注于主导地位者的动向。主导地位者无论是强势企业，还是政府或行业协会，其一言一行在一般企业中都能产生显著的影响，甚至是影响普通权力主体行动选择的风向标。

（2）上下互动而左右依赖。从集群网络权力的分散状态和中心主导性影响的关系可见，网络权力的流向是由大到小，体现出上下互动（垂直互动）、内核与外围互动、水平互动的关系。集群网络中各种权力的作用可以传导，而且是多向度的、相互作用的。在协作和协调关系的过程中，集群治理主体之间的关系一般表现在处于上位优势的核心企业、协会或政府多数占据组织发动或最后决定的地位。资源相对不足的普通成员企业通常处于追随或响应状态。但这并不能埋没一般权力主体具有倡导、建议或补充完善的作用。无论成员之间影响力差距多大，试图发起集体行动的核心组织必须依靠集群全体成员的共同配合，才能形成和谐一致的集体行动。因此，相互沟通、充分磋商、交换资源、集成合力就成为集群网络权力关系的支撑性理念和集体行动的基本条件。处在上下左右的成员，不论是凭借体制还是依靠资源或能力而获得了不同的权力，相互之间都必须平等尊重、换位理解和学习交流，共同谋求集群发展的有利条件，否则任何方面的缺失、过度或脱位都有可能影响共同目标的实现。

（3）结构稳定而不失变化。产业集群是由以企业为主体的多种角色参与发展的关系结构。每个成员因所特有的资源和能力不同，导致具有程度相异的权力及影响力。产业集群网络权力是一种排列有序的结构体系，每个成员位于高低不同的权力序列，从而形成了相对稳定的权力结构和共生关系。那些位居高阶的治理主体通常在与一般成员的交互影响中处于施加主动和控制性地位，而位于权力序列低端的治理主体发声被动、很容易受到中心治理主体的驱动和导控。不过，权力大小关键要看一个成员企业拥有的资源重要性程度、能力发展，以及环境变化带来的机会。"十年河东转河西"，影响集群网络权力的因素总在不断地变化着。

集群治理的权力序列（结构）是相对稳定的，但是个别集群成员主体拥有的能力和资源是易于变化的。尤其是成员所掌握的资源在重要性、稀缺性、不可替代性上会随着市场的吐故纳新发生变化，甚至发生颠覆性的变化。至于集群中政府及派出性管理机构，其职能也会因体制改革及集群发展的要求而改变。这些变化的交集势必触发集群网络权力体系的不断变化和调整，既涉及部分治理主体自身权力大小的变化，也包括了集群网络权力体系中主体相对权力位置的变化，如集群内协会网络权力地位上升而政府网络权力地位下降的变化等。

（二）集群网络权力的分布

本书认为产业集群治理结构分为两个层次：第一个层次是宏观层次，是政府、社会中介、企业三者之间的集群网络权力博弈；第二个层次是微观层次，集群网络权力在企业间的分布。

1. 集群宏观层次的治理结构

在市场经济条件下，集群中的企业作为独立的市场微观主体，自主经营、自负盈亏，是"黏性空间"的"利润中心"（Markusen，1996）①。集群的发展和繁荣必须要吸引和保留住本地的或外来的各种企业，因此，企业网络权力在集群中始终应处于核心地位。作为"自利"的集群企业的成长和繁衍需要规范有序的竞争环境、更多的联合行动以及更大的行动空间，因此势必要给社会及其他利益群体带来各种有利或不利的影响。而政府作为产业的规制者及集群的驱动者角色与企业的需求既存在一致性也存在矛盾之处，对企业管得过严，激励太少，则可能禁锢了企业发展；对企业管得过松，激励过多又会带来企业的权力膨胀和过度依赖。而联系二者的行业协会则有着得天独厚的优势。集群行业协会是企业的利益组织和代表，向上沟通政府反映企业的诉求，争取对企业有利的法规、政策条件；向下沟通成员企业，化解矛盾，维护行业秩序，促成集体行动等。总体而言，这三者之间合理的权力关系如图2-2所示。

---

① Markusen, Ann. "Sticky Places in Slippery Space: A Typology of Industrial Districts", *Economic Geography*, Vol. 72 (3), Jul. 1996, pp. 293-313.

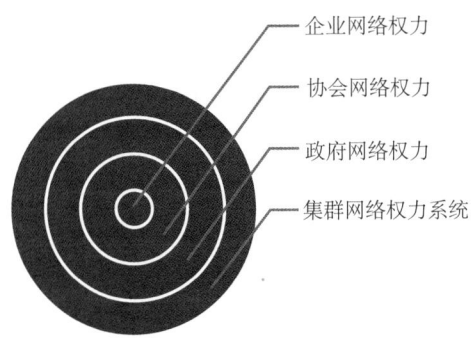

图 2-2 集群网络权力系统中三大网络权力的分布

由图 2-2 可见,在集群网络权力系统中企业网络是处于核心位置的,集群的其他一切主体的网络权力都是围绕企业网络而构建和运行的。其中,协会网络层介于政府网络层和企业网络层之间,行使对企业网络的直接管理职能,而政府则通过规范、授权和引导社会中介对企业进行间接的影响。因此,理想的集群网络权力在宏观上的权力配置应是:集群企业网络是集群发展的核心驱动者、主导者,协会是辅助者,政府是外围服务者和秩序维护者,共同对企业网络的内部和外部发展需求进行识别,并提供各种有形和无形的支持。

然而,在现实的产业集群发展过程中,集群宏观治理结构往往处在非合理状态。根据我国不同产业集群所在地区的市场经济发展程度和政府、协会和企业之间权力分布的关系,可以形象地展现我国产业集群宏观治理结构的不同状态,具体如表 2-2 所示。

表 2-2 不同产业集群地区市场发育程度和集群宏观治理结构的状态

企业 (协会)		政　府	
		放权	不放权
	要权	A(市场经济发达)	B(转型经济)
	不要权	C(市场经济滞后)	D(市场经济极其低下)

根据表 2-2 可知,企业(协会)和政府的权力配置形成了产业集群宏观治理结构的四种状态。A 是企业(协会)要权,而政府放权的权力结构,体现的是在市场经济发达地区,企业(协会)自主意识和自主能力较强,企业得到了更多的

经济决策权和发展权,成为集群主体,协会拥有更大的权力发挥对成员企业的监督和服务作用,以及发挥对政府的政策建议和监督作用,而开明的政府通过放权(或部分)权力让渡,回归秩序维护者和规则制定者和服务者的角色,是最理想和有效率的政企、政社权力关系状态;B是企业(协会)要权而政府不放权的权力结构,体现的是在体制转型地区经济体中,面对企业(协会)逐渐增强的自主意识和能力,政府对传统经济发展方式存在路径依赖,或因部门利益、"寻租"心态而不愿放权的状态;C是政府放权、企业(协会)不要权的权力结构,体现的是市场经济发展滞后的区域经济体中,政府过快放权或因成本问题"甩包袱",而企业(协会)却因长期丧失自主权无力应对,不愿意脱离政府"保护"的状态;D是企业(协会)不要权,政府不放权的权力结构,体现的是在市场化程度十分低下的地区经济体中,政府一手包揽了所有的经济决策权,企业(协会)完全成为政府的附庸,无法成为独立的治理主体,也无法实现政府由"统治"向"治理"的转变。

由上可知,企业、协会与政府之间合理的权力结构是我国产业集群治理形成和发展的宏观影响因素。从D到B再到A的转变是随着市场成熟度提高而逐渐演化的,企业、协会和政府在产业集群治理中是相互依赖、相互促进的,协会等中介发挥作用主要依赖于企业权力的彰显和政府权力的正确定位。A是在市场发育比较完善的地区经济体中,企业、协会与政府在长期互动中形成的最有效率的宏观治理结构状态。

2. 集群微观层次的治理结构

集群企业网络是集群发展的核心力量,集群微观层次的治理结构指的是网络权力在企业之间的配置。在集群中,由于各个企业所拥有的能力和控制的资源不同,其拥有的网络权力也千差万别,核心企业或领导型企业拥有集群的进入权、管理权和代理权,普通企业主动或被动地接受其分工和安排。根据Storper和Harrison(1991)、Markusen(1996)的理论,本书将企业网络治理权力结构分为以下几种类型:马歇尔式或意大利式、中心—外围式、轴辐式、卫星平台式。具体如表2-3所示。

表 2-3 集群微观治理结构类型及特征

微观治理结构类型	治理结构特征	地域特征
马歇尔式	众多中小企业，竞争与合作，平等关系	根植在区域内部
中心—外围式	一个或几个中心企业，大量中小企业相配套，准层级关系	根植在区域内部
轴辐式	被一个或几个根植于外部的大企业所主导，与本地及外地供应商有实质合作	根植在区域外部
卫星平台式	被大的外部所有的总部公司主导，分支企业之间很少合作	根植在区域外部

集群企业网络的四种权力分布，反映的是集群发展中的平等关系、准层级关系以及当地化导向与非当地化导向。前两种类型主要适应于封闭经济条件下企业网络权力配置，后两种类型则比较适合开放经济条件下，跨国企业在全国乃至全球进行资源配置的权力分布。事实上，集群中企业网络权力分布类型并不是单一的，可能存在多种混合体，如"轴辐式+马歇尔式"或"轴辐式+卫星平台式"等多种形式。

关于集群微观治理结构的有效性，主要涉及集群内企业间权力关系均衡与否对集群发展的影响，对此，学者们的观点存在一定的分歧。如 Porter（1990）以为平等的企业间关系有助于刺激竞争，而单一中心化（非平等或非均衡的企业权力关系）对集群发展不利；而相反的观点则认为，集群内企业间权力的不平衡才是合理的，均衡的权力关系很难维系（魏江，2003；Bathelt and Taylor，2002）。

二、集群治理结构的演进及有效性

（一）治理结构演进与治理机制的关系

根据集群治理结构的宏观、微观层次分析，集群网络权力分布中心的差异，以及 Provan and Kenis（2007）的网络治理结构理论，本书将集群治理结构的总体类型分为三类：共享参与型、领导企业主导型、管理组织主导型。不同治理结构事实上是由不同机制作用的结果，其结构特征和机制特征对应关系如表2-4所示。

中国文化产业集群治理：基于典型案例的实证研究

表2-4 集群治理结构特征与对应的治理机制特征

	权力中心	结构特征	治理机制特征
共享参与型	无中心	集群企业权力均等，共同参与集群战略决策，商讨集体行动	以网络治理机制为主
领导企业主导型	一个或几个领导型企业	有一个或多个中心企业主导集群战略决策和集体行动	以领导型企业机制为主
管理组织主导型	管理组织	集群委员会或协会主导决策和组织实施集体行动	以协会机制或类似机制为主

集群治理结构的动态变迁，表面上看是由于集群内的企业和机构的数量、质量、集群发展目标和发展的能力需求的变化所致，事实上，在这些表象下蕴藏着对集群各种关系（简单或是复杂）的协调的需求——对"治理机制"的需求，因而集群治理机制是治理结构演化的根本动力。

一般而言，对于初步形成集聚的集群而言，企业的权力比较均等，数量较少，沟通比较方便，信任度较高，相同或近似地位的企业目标相似性和一致性也较高，对集群整体发展能力的需求层次不高，限于当地化发展，通过正式或非正式集会进行集群决策和商讨集体行动是可能的，共享参与型集群治理结构是比较适合的，信任、声誉等网络机制作用较强。

随着集群的快速成长，集群企业在数量和质量上都发生了很大的变化。企业数量骤然增多，彼此沟通起来变得不那么方便，合作和竞争并存导致信任度比初期降低。其中，通过激烈的竞争或资本运作，一个或几个企业迅速壮大起来，成为行业或集群的"领头羊"，企业之间网络权力的均衡被打破，不同地位企业的发展目标一致性降低。对集群发展的能力需求有所提高。如领导型企业不满足于当地化发展，企图成为区域的发展中心等，实际上成为集群战略的决策人和集体行动的倡导者和组织者。这样，集群治理的结构就演变成准层级型，领导型企业机制起了主要作用。

集群发展进一步成熟，集群企业进入数量最多也最稳定时期，企业之间的竞争和合作更加持久和广泛，建立在长期的交往和交易基础上的信任度比集群成长期要高且普遍。此时，领导型企业也在不断地发生更替，新的领导型企业产生，集群网络权力均衡可能再次被击破，原先的领导型企业主导的局面发生动摇，而

第二章 文化产业集群治理的理论框架

且随着集群的发展，企业外部发展环境的变化导致集群发展目标和发展要求发生调整。原来关注本地或区域的发展目标被全国乃至全球发展目标所取代，因而需要组织更多的集体行动来应对，如成立游说组织以应对新的政府规制等，单靠一个或几个领导企业的资源和能力已经不太现实，在集群成员目标一致性程度较高时，建立一个被广泛认可，或大部分集群成员认可的协会或集群委员会（由协会、企业、政府、专家等组成）组织来承担确定集群发展方向，整合集群资源、组织集体行动的任务可能更为适合，此时集群协会或类似协会功能的管理组织的作用较强。

最后，成熟的集群如果在国内和国外的竞争中失去活力，可能面临着地区或全球市场的衰退，则企业或机构不断外迁或收缩，原有的集群治理组织已经形同虚设，留下少数当地小企业，又可能回到共享参与型的治理结构中或者面临集群衰亡的风险。

一些特殊的集群治理结构如政府主导型治理结构一般是在集群形成的初期形成的。为刺激集群成长，政府投入定向扶持资金，加大集群基础设施建设，营造良好投资环境来达到吸引企业进驻和发展地区经济或提升政治能见度的目的。政府在集群治理中的角色因市场经济发育程度不同而存在差异，如市场经济发达的国家或地区中政府一般是"规则制定者"角色，而市场经济欠发达或转轨时期的国家或地区中的政府则可能是"规则制定者+市场参与者"角色，不过良好的治理结构将是政府作为集群治理中心的角色随着集群领导型企业的出现而逐渐退出。有的集群最初就是由一个领导型企业作为驱动者和资源贡献者推动发展起来的，那么这个领导型企业就成为集群自然的治理中心。

总之，集群治理结构是一个随着集群治理机制不断变化调整的动态发展结果。事实上，二者间的关系可用如下三个变量（柔性程度、内生程度、自治程度）来衡量。共享参与型治理向管理组织型治理的演进事实上是集群从柔性的、内生的、自治的治理机制逐渐向刚性的、外生的、他治的机制演化，最终形成以自治为基础的刚柔相济的治理机制组合。这个过程可用图2-3来展示。

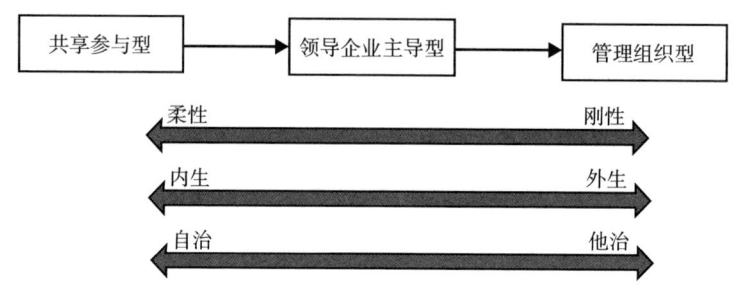

图 2-3　治理结构演进和治理机制的关系

资料来源：根据杨慧：《产业集群治理结构探析》，《科学学研究》2007 年第 4 期，第 685 页的相关内容修改。

（二）治理结构的有效性标准

不同的集群网络权力分布不同，导致集群治理结构的不同。哪一种集群治理结构才是有效的呢？本书主要结合宏观治理结构和微观治理结构的有效性以及 Sugden 等（2006）的观点提出相关标准。

综合而言，本书提出判断集群治理结构有效性的几个标准：首先，看集群治理结构的宏观层次，即集群企业、协会、政府的权力分布是否平衡。企业是否成为集群决策的核心，协会是否成为强有力的协调者、服务者，以及制衡企业和政府之间关系的关键中间层；政府是秩序维护者、服务者还是参与者的角色定位。其次，从集群治理结构的微观层次（企业网络层次）来看，集群治理结构是否有效的标准在于"竞争下的相对集中"。集群企业之间的权力分布相对垂直化有利于企业的集体行动的开展和增强外部竞争力，如意大利产业集群（马歇尔式）在全球化的浪潮中演化成垂直型权力结构。最后，在集群战略决策过程中，参与机构与企业的分布强调相对"分散"和相对较高的参与程度，这样集群决策越科学，越有利于合作，集体行动开展越顺利。

三、文化产业集群治理结构的特点

由于文化产业具有"意识形态"属性,导致我国文化产业集群的治理结构也与其他一般产业集群存在很大的差异。尤其是宏观治理结构上,文化产业集群中政府可能干预更多,而文化企业总是可能以创新、创造的方式突破政府的条条框框,而行业协会的作用十分有限,三者的权力分布比一般的产业集群要不均衡得多。

第三节 集群行为

集群行为是集群中各个行为主体的竞争与合作行为,既有正面行为也有负面行为,是集群治理机制和治理结构共同作用的对象,最终体现为集群的治理绩效。

一、集群行为和集群治理绩效

根据集体效率理论,集群集体效率是由许多分工合作的企业和相关机构在集聚中形成的正的"被动"外部性和"主动"的外部性(集体行动)的作用结果。然而现实中,集群正的外部性难以预测和衡量,而集体效率的另一源泉——集群成员的集体行动也不能自然地产生。由于各个集群的发展阶段和治理程度的差异,集群内成员之间机会主义、恶性竞争、"搭便车"等行为不同程度存在,直接影响到集群交易成本增加和合作的失败,进而影响到集群内部合作效率和外部竞争力,严重的可能引起集群的萎缩和消亡。在不断适应内外部条件的变化过程中,集群治理的绩效目标就是要"保证合乎规范的竞争,增加集群内部凝聚力、外部竞争力的合作"即实现"集群的集体效率"。因此,通过集群治理机制和治理结构对集群行为进行协调,对集群治理绩效的影响可以分为两个方面:一是负面行为(机会主义、恶性竞争、"搭便车"等)的减少有助于交易成本的降低,增加正的外部性;二是有利于集群整体发展的集体行动的增加所引致的集群主动的外部性增加。如图2-4所示。

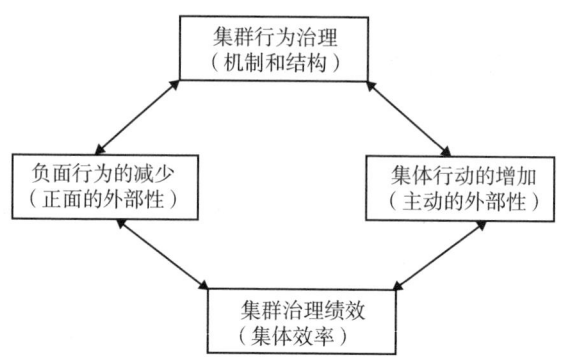

图 2-4 集群行为与集群治理绩效的关系

根据 Langen（2004）的观点，治理机制的作用在于抑制集群中的机会主义、"搭便车"或内视行为，降低交易成本或协调成本，扩大集群成员的非价格协调的合作范围；而 Sugden 等（2006）认为，集群治理结构决定了集群战略决策权的分布和参与度，直接影响集体行动的发展方向、发展目标和组织实施等。可见，治理机制有助于协调各方的利益冲突，抑制集体行动中的负面行为，而集群治理结构在某种程度上决定了集体行动的目的、方向，二者共同促进集群的治理绩效。

现实中，集群成员双边或多边合作中的机会主义、"搭便车"等行为是很难被观察到的，但集群整体层次上的集体行动和双边合作比较容易被观察到而且可以对集群整体产生更大的影响。因此，集群治理绩效可以从正面的双边合作水平和主动的集体行动两个方面来进行测量。从另一个侧面来说，集群集体行动和双边合作的效率高低在某种程度上也反映了集群负面行为的多少，因为二者并不能自然而然地产生，需要排除和解决合作中的投机行为与"搭便车"的问题。那么，集群行为与治理绩效的关系就是集体行动和双边合作效率越高，集群的治理绩效就越高；反之则相反。然而，相对而言，产业集群中的集体行动对集群治理绩效的影响可能更大，但难以实现。所以，下面重点探讨集体行动的目标、性质和影响因素。

二、集体行动目标与集体行动效率的影响因素

（一）集体行动目标

产业集群的集体行动是集群的相关主体为增进集体效率而采取的联合行动。

不同于主体间的水平或垂直的双边价值链合作，集体行动是指对集体利益影响较大的多个企业或机构之间的合作，包括如多个企业与企业或官产学研之间的多边合作行动。在流通全球化、生产集聚化的时代，Gilsing（2000）曾把集群治理界定为：集群行为主体为构建和维系集群持久的竞争优势，有目的地促进集群升级的集体行动。可见，集群升级是集体行动的重要内容，但又不仅限于此。总的来说，集体行动的目标就是要通过建立集群的内部凝聚力和外部竞争力来实现集群的集体效率或治理绩效。那么，集体行动的目标大致分为以下两类，如表2-5所示。

表 2-5　集群集体行动的目标分类

集体行动目标	集群内部凝聚力	集群外部竞争力
	建立共享的基础设施（硬件和软件）	应对外部的侵害
	建立行业规范和自律，治理恶性竞争	集群的升级（工艺流程、产品、功能、链条）①
	建立信任等主体间的紧密联系	创新、人才培养、国际化、营销
	抑制机会主义、"搭便车"行为	游说政府，争取更好的规制环境

集体行动的最终目的是解决集群面临的战略性、"瓶颈性"和竞争力问题，是集群行为的最高层次，如集群的竞争秩序、成员信任、外部竞争力等问题，不同的目标之间存在着内在联系。首先，它们是互补关系，建立集群内部的"强健的系统"（Robust System），即关系紧密、竞争规范的系统对建立集群的地方、区域乃至全球竞争力有重大意义。内部的强健是基础，外部的竞争力是内部实力的表现，外部竞争力越突出，内部的凝聚力就越强。其次，集群外部竞争力中集群升级的目标是集体行动的核心目标，也是一个长期和间接的目标，要实现这个目标首先要注重联合创新、联合人才培养、集体营销，以及加强对外联系和开拓海外市场等集体行动目标的实现。最后，集群集体行动内部目标和外部目标的实现关键是要产生一个重要的制度供给即"集群协会"。集群协会是集群的自治组织，代表集群企业利益，在联系、规范、游说、组织集体行动方面具有特定的优势。

---

① Humphrey J., H. Schmitz. "How Does Insertion in Global Value Chains Affect Upgrading in Industrial Cluster", *Regional Studies*, Vol. 36（9），2002, pp. 1017–1027.

(二) 集体行动效率的影响因素

本书对集体行动效率的界定是：一定时间内、一定的投入下，集体行动的数量和作用强度。每一个集体行动都是一个集体意志、目标的体现，能够给个体企业带来"巨大"的外部效应，具有准公共产品性质，难以避免"搭便车"的行为，因此代表共同利益的集体行动并不会自动产生。奥尔森认为解决集体行动问题，关键是提供选择性激励：既可以是物质的，也可以是精神的；既可以是积极的（奖励），也可以是消极的（如惩罚）（Olson，1965）。但激励或惩罚本身也是一个公共产品。在此基础上，Langen（2003）从交易成本理论出发，提出多种治理机制如协会、公共组织、非营利组织、领导型企业等是影响集群集体行动效率的关键因素；奥斯特罗姆（2012）的多中心治理理论表明，自主治理和自主组织是解决集体行动问题的一个可行途径。本书认为，除此之外，Sugden 等（2006）的集群治理结构理论也有助于解决集体行动问题。具体分析如下：

Langen（2003）认为，集群中大量存在的集体行动问题影响到集群治理绩效的好坏，而集体行动的效率取决于不同治理机制的作用。市场、个体企业（领导型企业除外），企业联盟都不适合解决集体行动问题。因为市场是以竞争为导向的，不利于协调集体行动；个体企业缺乏足够的权威来协调集体行动，企业联盟只适合少数企业之间的合作安排，对集体行动来说作用有限。但行业协会、非营利组织、政府与领导型企业比较适合处理集体行动问题。

协会作为集体利益的代理人最适合作为组织集体行动的"工具"。因为协会的主要职能就是针对会员提供非排他性或有一定"选择性"激励的集体产品，如可以作为利益代表游说政府获得政策支持的非排他性集体利益，也可以提供教育培训、专业信息、集体议价等选择性激励的可排他集体产品等（Rusaw，1995；Sako，1996）。但行业协会的制度供给本身就是一项"公共产品"，设立成本很高，而且只有其成员数量足够大时才能有效地发挥作用，如果其成员基数很低，那么协会就失去了合法性而维持会员的成本就会上升。在强调会员共同利益的基础上，提高排他性的会员服务将有助于扩大协会的影响力。由于不必面向市场竞争，协会面临的压力有限，会员只有在时间和金钱消耗较少的情况下才会主动监督协会。

非营利组织在需要联合公共能力（规划、责任）和私人能力（效率、共同目标）的领域发挥作用，如教育、创新和知识扩散等项目。由于非营利和公益属性，非营利组织如果缺乏政府的实质支持则不可能产生。和协会一样，非营利组织也因为缺乏竞争而存在惰性。

政府在私人无法发挥作用的领域发挥作用，安全和规划一般被认为是政府的作用，政府既可能在集体行动中发挥作用，也可能是最不积极的参与者。政府也会因缺乏竞争和程序惰性而降低作用的有效性。

领导型企业是那些由于知识、技术或市场地位的优势而有意愿和能力投资于集群正外部性的企业。领导型企业有强大的动力去提高集群竞争力，因为集群的绩效和它的收益份额紧密相关。领导型企业还有动力去扩大非价格的协作范围和减少协作成本，实质性地投资于集群的创新、教育和国际化等集体项目来扩大集群正的外部性。另外，领导型企业也有动机承担设立行业协会的成本，成为集群的"合法性"利益代表领导集体行动。

由于行业协会、非营利组织、政府等组织缺乏竞争，个体声音（集群企业的监督）是必要的手段（Hirschmann，1970）；此外，集群各主体之间的团体讨论和沟通也很重要，反复协商，信息透明有助于消除分歧，培养"集体主义"意识，改进集体行动效率。

E. Ostrom（2012）在多中心治理理论中指出，相互依赖的群体组织集体行动主要是依靠自主治理。强调生活在同一个社区的人们之间长期互动形成的社群规范、彼此间的信任、声誉等社会资本对集体行动的操作规则的供给、维系起到关键的作用。丰厚的社会资本的存在，有效地降低了制度的供给成本、交易成本和监督成本，正如Bates（1988）所说，信任和社群观念的建立对于集体行动所需的新制度供给是一种有效的机制。但仅仅停留在这一个层次上，集体行动还不可能取得完全的成功，还需要集体选择层次（政策制定、管理、评判）和宪法选择层次（规划、协调、评判、修改）等更高层次的规则作为辅助的手段，比如地方、区域或全国政府的"健全的法庭机制"在集体行动中可以提供有效的冲突解决方式。此外，各种正式的非正式的论坛如国家、地区、地方的法庭、管制机构、立法机构或非正式集会、民间协会等是沟通信息和促进自治规则形成和维护的重要设施。另外，多中心理论还强调多个决策主体和决策权的地方化、民主化。因为涉及不同的制度供给层次，越是涉及地方的、复杂的信息和低成本的激励问题，越是要由地方做出决策，这样治理结构的民主化决定了集体行动的效果可能更好。

E. Ostrom（2012）的多中心治理理论对产业集群的集体行动的效率的提高具有非常大的理论借鉴价值。相互依赖的集群成员之间在长期的交易和交往中建立的不只是单纯的贸易关系，还包括某种非贸易的社会联系，如信任、声誉以及集群文化等社会资本。可以说，集群的社会资本是集体行动的基础，而且这种社会资本是可以后天建立的（Schmitz，1995）；社会资本（网络机制）的特点是集群成员之间的社会关系紧密，黏性高，一旦形成"高信任度环境"，可以大幅度降低集群内成员的交易成本，增强集体行动的合力效应，有助于提升集群治理绩效（Harrison，1994）。另外，多中心治理理论中的决策权下移、决策结构的多中心化和民主化对公共决策效率的提高同样适用，在集群中建立有效的治理结构，集群主体中政府、协会、企业充分沟通，共同协商，发挥各自的优势，深度参与，推动集体行动的成功。

根据 Sugden 等（2006）的观点，集群战略决策权在企业间的分布越宽泛，说明集群的决策结构越民主，集群主体自治性、平等性越强，包含了相互承认的规则、平等合理的利益，为深度参与集群集体决策提供了必要的条件；企业参与集体决策的程度越深，则说明集群参与主体之间沟通交流越多，信息越透明，合作积极性越高，集体行动问题解决得越好，集体行动效率（质量）越高。实际上，集群治理结构的有效性反映了决策中心多元化、信息与激励的要求，与奥斯特罗姆的多中心治理理论相呼应。

总之，无论是 Langen 还是奥斯特罗姆都强调集体行动效率受多种治理机制影响，不同的是奥斯特罗姆更强调以信任、声誉、社群规范等社会资本自治为基础的多层次机制体系对集体行动效率的影响，其中，自治型机制的作用最为重要，其他的强制型机制只作为辅助力量发挥作用；Sugden 的治理结构有效性对集体行动的影响实质上也反映了集群治理机制相互融合在信息和激励上的要求。最后，中国政府在集群集体行动中的作用要比 Langen（2003）分析的大得多。因为，扭曲的晋升激励制度所带来的经济竞赛冲动诱使地方政府有更大的热情和动力投入集体行动的倡议和促进中。

三、文化产业集群集体行动与治理绩效的特点

相对于一般产业集群，文化产业集群属于"智力密集型"和"轻资产型"企业和机构组成的集群，因而持续创新是文化产业集群的生命力，人才是文化产业发展的源泉。由于缺乏可抵押资产，大量中小微文化企业在发展中面临的资金困难比制造业及其他集群要多。因此，尽管创新和人才培养对所有集群都很重要，但集体融资可能对文化产业集群而言更为重要。

关于文化产业集群的治理绩效不同于一般集群的最大特点在于其巨大的"社会效益"。有的文化产业集群虽然产值不高，但它的存在对于整个国家文化生态和公众的文化素养提高有很大的裨益。

总之，一般产业集群治理的理论框架应用于文化产业集群也是基本适合的，需要调整的方面包括：在治理机制中加入非营利组织机制，在集体行动目标中加入集体融资项目以及在治理绩效的评估上需要加入社会效益指标。

第四节　本章小结

本章首先构建了产业集群治理的一般理论框架：集群治理机制作用于治理绩效的原理和路径，即治理机制影响治理结构，治理结构反作用于治理机制，并与之共同作用于集群行为，最后作用于治理绩效。

其次，具体介绍了四种治理机制包括网络治理机制、协会机制、领导型企业机制和政府机制的概念、分类以及优缺点；分析了集群网络中的各种权力来源，关于政府、企业和协会的网络权力分布的宏观治理结构以及关于企业之间权力分布的微观治理结构，并且探讨了集群治理结构和治理机制的互动关系；阐述了集群行为对治理绩效的影响，并且重点讨论了集体行动的目标和集体行动效率的影响因素。

最后，分析了文化产业集群不同于一般集群的治理特征，总结出文化产业集群治理的理论框架，即对一般产业集群治理的理论框架中的治理机制、集体行动项目、治理绩效的评估标准进行微调。

第三章 三个国内文化产业集群的治理机制比较

目前，我国文化产业集群中存在哪些治理机制，它们发挥着怎样的作用，作用程度如何？不同治理机制作用下，治理结构呈现出什么样的特征，集群行为中的集体行动效率和双边合作程度又有怎样的不同，对集群治理绩效的影响是什么？作者力图采用案例研究法对第三章的理论框架进行相应的验证。

本书的理论假设是：治理机制越健全、治理结构越合理、集群行为中集体行动和双边合作效率越高，那么，集群治理绩效就越高。包括本章在内的第四、五、六章主要是通过对三个国内有代表性的文化产业集群案例进行直接比较来验证理论假设；第七章是通过运用好莱坞影视集群治理的经验数据和事实来验证理论假设，并和国内的案例形成了间接的对比。

本章首先介绍案例研究的目的、方法以及专家、案例的选择标准等案例研究的设计情况，其次是重点进行三个文化产业集群治理机制的比较。

第一节 案例研究的设计[①]

一、案例研究的目的、方法、资料来源

（一）案例研究的目的

本书案例研究的目的是通过对文化产业集群治理中的相关数据、事实的比较

[①] 本书案例研究设计主要是针对国内三个文化产业集群而言的，因条件限制未能对好莱坞文化产业集群进行多来源的数据收集，因而单独放在第七章进行阐述。

来揭示文化产业集群治理的某些规律,并对文化产业集群治理的理论假设进行验证,找出改进文化产业集群治理绩效的机制、结构和行为因素。

(二) 案例研究方法

由于验证文化产业集群治理的理论假设的有效的定量化数据相对缺乏,而且本书所要回答的是文化产业集群治理机制是如何作用于治理绩效的"怎么样"的问题,或者说涉及解释不同文化产业集群治理绩效为什么不同的"为什么"的问题。所以案例研究方法是合适的选择,但并不排除在案例分析中运用可获得的定量化数据,而且本书采用的是多案例研究方法。

本书采用的是多案例的比较研究方法,因为,具有"典型性和代表性"的多案例比较研究往往比单案例研究更能增加结果的"说服力",增加理论的普适性,因而能够保证案例研究的外在效度(Eisenhardt,1989)[①];关于案例研究的建构效度和内在效度方面,本书所构建的经济现象和变量之间的关系以及变量间的关系是建立在对经济现象的考察和相关理论的分析基础上,并且采用多元证据来源、多元证据链的方式进行了交叉相互印证,因而能够在一定程度上保证研究的建构效度和内在效度;最后,关于案例研究一致性(信度)问题。本书的案例研究是在比较严格的研究程序基础上进行的:先在理论框架的基础上,确定案例的抽样(理论抽样)、收集信息前的准备、多来源地收集信息(除文件、档案保留外,几乎所有访谈内容都有文字记录和录音,观察现象有照片和文字记录,问卷发放和回收都有留存)、案例证据的分析和撰写。因而,本书的案例研究具有相当程度的可信性。

(三) 案例研究的资料来源

本书的案例研究采用了五个方面的资料来源,并且要求不同类型的资料来源能够进行相互的验证。

第一个来源是国家文化部、国家新闻出版广电总局和各个文化产业集群管委

---

① Eisenhardt, K. M. "Building Theories from Case Study Research", *Academy of Management Review*, Vol. 14, 1989, pp. 532-550.

会的网站文件资料和档案资料,由于资料有限且不够具体,对于验证理论假设作用不大。

第二个来源是各种有关三个案例的研究、报告、报道和文档资料,对于理解不同的文化产业集群是有用的,特别是对于理解其治理结构的差异十分重要。

第三个来源是一系列的专家访谈。每一个文化产业集群都进行了至少十个以上现场专家访谈,一个以上的电话访谈和邮件访谈。专家的观点对于理解文化产业集群治理机制、集群行为对治理绩效的影响是十分重要和有用的。

第四个来源是企业问卷和专家调查表。针对文化产业集群中的企业、专家(包括代表性企业、管委会、协会等)等相关组织和个人进行了问卷调查。其中,在北京798艺术区做了56份企业问卷,19份专家调查表;在西安曲江做了30份企业问卷,18份专家调查表;在浙江横店做了18份企业问卷和12份专家调查表。企业的选择包括各种规模的企业、不同性质(国有或民营)的企业。其中,798艺术区和横店影视产业实验区的企业几乎全是民营企业,而曲江文化产业园中国有企业占有绝对份额,民营企业虽数量多但规模小,处于边缘地带。除了电子邮寄的问卷和调查表,多数问卷和调查表是现场填写、现场回收或隔日回收的,在回收问卷和调查表的同时,也对一些相关的企业人员进行了简短的询问。专家调查问卷表上,要求专家就治理机制对集群治理绩效的重要性进行观点测试,而且对各治理机制的重要性和影响集群集体行动的变量的重要性进行等级划分(1~5分)。这些调查问卷对于获得文化产业集群治理机制和集体行动的影响因素方面定性和定量的信息和数据具有重要的作用。

第五个来源是实地观察。实地旁观集群的整体氛围、企业与企业之间的联系状况或者参与到集群成员的聚会、座谈会性质的活动中,观察各自的表现等。

二、案例研究的专家选择、案例选择以及案例的基本情况

(一) 文化产业集群专家的选择

在测试文化产业集群治理机制对治理绩效影响的观点及重要性程度上,以及各变量对集群集体行动效率的影响及重要性上都要求相关专家做出判断和打分。

专家的质量对于案例研究结果的质量有着关键的影响。由于被测试的命题要求具有"深度的观点",所以在一个文化产业集群中能够有资格作为专家的人选是不多的,我们选择专家的标准基于以下几点:

高级管理人员。大多数被选中的专家一般是有一定规模的企业或协会、政府部门(管委会)中的职位较高的人员,他们对文化产业集群的相关情况比较了解。

行业经验丰富。大多数专家在集群中工作时间超过五年以上,有的甚至十几年。他们对集群的发展过程和相关行业知识比较精通,一般不考虑新的进入者。

介入集群治理。大多数访谈专家和调查专家都是集群治理的直接参与人,更可能了解集群的治理情况。如集群管理委员会(以下简称管委会)的相关官员、协会的会长(副会长)、大企业的负责人、中小企业的资深经理等。

(二) 研究案例的选择①

案例选择是基于以下原因:

首先,形成时间较早,影响较大,集群治理已经有所发展。本书所选择的三个文化产业集群皆发端于20世纪末,于21世纪初形成集聚态势;三个文化产业集群所在的地区同属于文化体制改革进行最早的北京、西安和浙江等省市;而且,三个集群都是所在地乃至全国最早被挂牌的影响较大的文化产业示范园区(北京798艺术区是市级,其他两个都是国家级)。

其次,形成的路径不同,具有鲜明的代表性。北京798艺术区和浙江横店代表"自下而上"由市场自发产生,然后政府适时介入的文化产业集群;西安曲江则代表"自上而下",由政府提供公共基础设施,然后招商引资形成的文化产业园区。

再次,三个文化产业集群的产业形态和企业性质很有代表性。虽然同属文化产业,但北京798是以现当代试验艺术为主的文化产业集群,浙江横店是以影视为主的文化产业集群,西安曲江是集文化旅游、会展、影视、演艺等九大门类于一体的综合性文化产业集群;而且,北京798和浙江横店的聚集主体以民营企业

---

① 三个文化产业集群的全称和简称分别是:北京798艺术区(简称北京798)、西安曲江文化产业园区(简称西安曲江)、浙江横店影视实验区(简称浙江横店),文中在案例研究部分多次提到,往往是全称和简称交替使用,特别在此先注明。

为主导,西安曲江则包含了较多的国有企业,且国有企业占主导地位(指的是规模、影响力,而非数量)。

最后,三个不同的文化产业集群所处的地理位置也具有鲜明的代表性。分别处于北京、西安、浙江横店,分别代表经济文化发达的中心城市、市场经济发达的东部和文化资源丰富的西部。

总之,这三个文化产业集群具有"典型性"(可复制性)和"极端化"(差异极大)特征,符合案例分析"理论抽样"的分析需要,更具有分析性归纳的可能。本书试图通过选取三个具有相似发展阶段、政策背景、社会影响,但发展路径不同、企业性质构成不同、地理位置不同、产业形态不同的文化产业集群来分析集群的治理机制是如何影响集群治理绩效的,即探讨不同的治理机制下治理结构和集群行为的表现与治理绩效的关系。

(三) 三个案例的基本情况

1. 北京798艺术区

北京798艺术区地处北京市朝阳区大山子南的工厂区,这一地带本不显眼,却因20世纪90年代一些绘画艺术家的工作室最先落脚在前民主德国援建的"无线电联合器材厂"的798厂区而出名。21世纪初,包括798厂在内的六家单位因改制而被整合为北京七星华电科技集团(七星集团)。七星集团遵从朝阳区政府关于该地区的改造规划迁出了部分产业,为了减少资产浪费并充分利用已经闲置尚未拆去的厂房,集团推出了租赁业务。因为租价低廉,加上便利的交通条件,尤其是风格独特的包豪斯建筑显示出的优势,吸引并集聚了一批国内外的艺术家和艺术机构,逐步形成了以艺术家工作室、文化公司、画廊企业等为主体的艺术区轮廓。798艺术区自形成以来,艺术家、画廊与政府等相关机构携手,多次举办了一些国际性的艺术展览以及艺术和时尚相结合的活动,引来各国政要名流前来参观,在世界范围内产生了较大影响力。2003年,798艺术区入选美国《时代周刊》世界最有文化的22个艺术区之一,北京也因798艺术区的存在而首度获评美国《新闻周刊》年度全球TOP12,有力提升了北京作为世界性文化之都的地位。2006年,朝阳区、北京市政府先后将798艺术区评为第一批文化创意产业集聚区之一。截至2014年6月,进驻798艺术区的现当代艺术画廊及商务机构已达

570多家，其中包括了比利时、日本、美国、中国台湾地区等多个国家或地区的艺术品经营机构。经过近20年的发展，北京798艺术区初步形成了中国现当代（实验）艺术、文化产品的展销中心和在海内外具有一定影响力的文化产业集聚区。

2. 西安曲江文化产业园

曲江文化产业园坐落在陕西省西安市东南部，既是省市两级政府规划的以文化旅游为主导产业的新区，也是国家文化部于2007年首次授牌的两个国家级文化产业示范区（曲江新区和深圳华侨城）之一。曲江新区文化产业园所占面积约50平方千米，辐射西安城墙景区、大明宫遗址保护区等150平方千米的区域，形成了文化产业和旅游产业浑然一体的发展格局。2002年以来，曲江新区组建了"曲文投"（曲江文化产业投资集团），控股"陕文投"（陕西文化产业投资集团）。在两大集团的组织带动和资本运作下，开发建设了一批影响较大的文化工程如大雁塔北广场、大唐不夜城、曲江国际会展中心等，形成了文化旅游、影视动漫、出版传媒、会展创意等多个文化产业集群的发展态势，在国内产生比较大的影响，赢得了多个部门的国家级表彰与鞭策。2008~2012年，曲江文化产业园荣获了国家文化部第一届"中国文化产业创新奖"，住房与城乡建设部颁发的"中国人居环境范例奖"，科技部、中宣部等五部委联合认定的国家级"文化和科技融合示范基地"。

3. 浙江横店影视产业实验区

浙江横店影视产业实验区地处东阳市横店镇境内，是2004年由原国家广电总局授牌成立的国内首家国家级影视产业实验基地。近20年来，以横店集团为主体总共投资近80亿元兴建了要素齐全的横店影视城：包括15座室内高科技摄影棚和28个不同时空和地域特色的影视拍摄基地，如秦王宫、清明上河图、广州街等。被誉为"中国好莱坞"的横店影视城是当今世界最大的影视实景拍摄基地，同时也是影视要素最密集、影视拍摄最繁忙的影视生产基地。以横店影视城为依托发展的横店影视产业实验区成立后，当地政企紧密合作把它作为区域经济发展的"增长极"，不断推动东阳市以影视、旅游为主导产业的产业结构调整和农村城市化进程，规划发展面积以横店镇为核心，辐射周边达365平方千米。目前，已吸纳长城影视、光线传媒、华谊兄弟等一批国内外有影响的企业加盟，由此带

中国文化产业集群治理：基于典型案例的实证研究

动了一大批如影视道具、器材、服装、经纪等影视辅助机构的发展壮大，共同推动横店影视产业实验平台的高效快速发展。据统计，目前已入驻企业近 600 家，仅在浙江省就占了影视企业数的 2/3，艺人工作室也已超过 150 个。截至 2014 年 7 月，横店影视城接待的剧组数量累计达 11300 个，以此场景拍摄的影视剧达 38000 多集。在电视剧方面，全国产量的 1/3 就出自横店影视产业实验区。

第二节　各种治理机制的比较[①]

文化产业集群中各种治理机制存在与否，作用强度如何？本节将通过问卷调查的方式对第三章文化产业集群治理框架中的相关机制进行测量、比较并借助访谈资料、档案资料、观察资料进行相互印证或纠偏。

一、网络治理机制

根据第三章理论框架中网络治理机制的分类，网络治理机制（社会机制）包括信任、声誉、集体惩罚和集群文化。通过相关问卷测量、比较三个文化产业集群的四种网络治理机制的有无以及作用程度，并用相关资料进行解释或佐证。

需要说明的是，在信任机制中，本书没有测量和比较其基于文化的信任，主要是因为网络治理机制中包含了集群文化，通过对集群文化的测量可以间接了解文化信任的状况。

（一）交易信任、关系信任与制度信任水平的比较

1. 交易信任

交易信任水平高低主要是通过询问集群内企业间长期合作[②]水平来测量的。

---

① 本节的调查问卷有一部分是参考廖园园：《集群治理机制论——理论与浙江产业集群的经验研究》，浙江大学 2011 年博士学位论文，第 191-193 页的内容。具体问卷内容见附录 1，所有访谈资料来源详见附录 4。

② 用"长期合作"来代表"长期交易"本身是不太精确的，不过文化企业不喜欢用"交易"来形容企业之间的"合作"。故采用长期合作。

这里的长期合作指的是一年以上的合作,临时合作指的是半年以下的合作,下面是问卷统计结果①。

表 3-1 三个文化产业集群的合作状况对比

	北京 798(%)	西安曲江(%)	浙江横店(%)
A. 长期合作	21.43	40.00	55.56
B. 临时合作	19.64	16.67	16.67
C. 兼而有之	58.93	20.00	33.33
总体长期合作	40.60	47.20	76.40

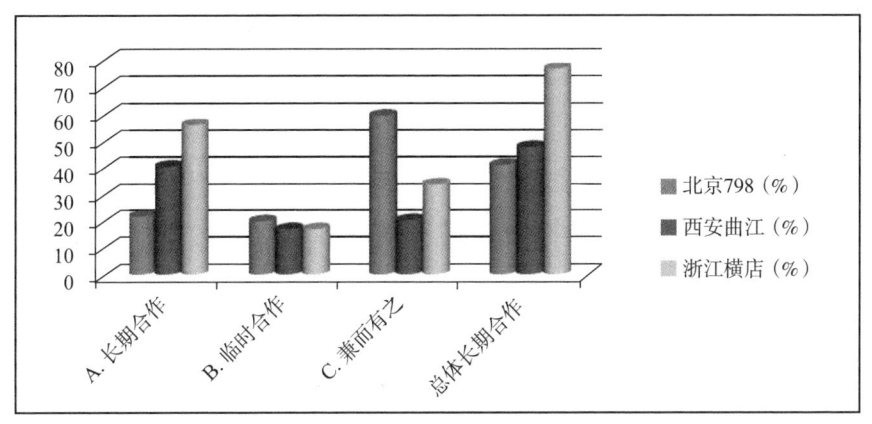

图 3-1 三个文化产业集群的合作状况对比

根据表 3-1 和图 3-1 可见,在长期合作方面,西安曲江和浙江横店的总体长期合作占比达到 47.20% 和 76.40%,而北京 798 的总体长期合作占比较低为 40.60%。三个产业集群的长期合作表现可以从集群价值链角度进行分析。根据访谈资料和档案资料分析,北京 798 艺术区里众多画廊与极少量的艺术家,无法形成既竞争又合作的相对稳定的产销一体化的价值链;西安曲江文化产业园内的"曲文投"和"陕文投"已经构建了包括研究、策划、运营、管理和配套商品开

---

① 为了更直观地表达表中的数据,本章采用表和图相结合的表示法。

发等比较完整的文化旅游产业价值链和影视、会展等相关产业价值链，不过，它们绝大部分是一种集团内部价值链，构成主体是这两个国有大型集团的各个子公司，各个环节之间合作有余，竞争性不足，与集团外企业合作较少；浙江横店影视产业实验区内横店集团依托影视拍摄基地、发行等优势地位，统筹协调中小影视企业及配套企业，已经形成分工合作、关系相对紧密的影视产业价值链。由此可以看出，横店作为"垂直合作"的产业集群，较"水平合作"的集群（北京798）长期交易的比重高，曲江次之。

2. 关系信任

关系信任主要是通过问卷询问文化产业集群内企业之间是否存在亲缘、友缘、地缘、业缘和学缘等关系进行测量的，统计结果如表3-2和图3-2所示。

表3-2　三个文化产业集群企业之间的关系状况对比

	北京798（%）	西安曲江（%）	浙江横店（%）
朋友关系	17.85	16.69	33.33
同乡关系	1.79	3.33	5.56
亲戚关系	0	0	5.56
同学、同事关系	1.79	0	11.11

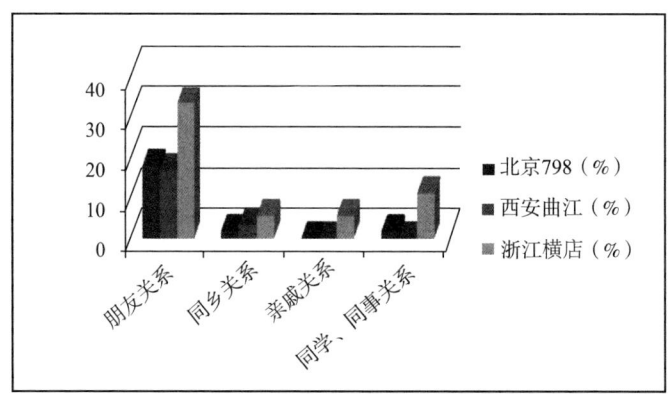

图3-2　三个文化产业集群企业之间的关系状况对比

根据表3-2和图3-2，三个文化产业集群合作对象间的亲缘、学缘、业缘关系比制造业的要少许多。在访谈中，无论是798还是浙江横店，不少访谈对象认为与合作对象交朋友很重要，"先交朋友，后做生意"，似乎是中小文化企业的一个重要的规则，尤其是浙江横店道具、服装和器材租赁企业，他们更重视建立"朋友圈"。其中有一个影视企业的访谈对象（电话访谈）认为，"朋友圈"可以超越地理的限制，大家并不会因为地理邻近而合作，也不会因为距离远而不合作。但影视公司大多数是以项目合作为主的高流动性企业，除了本地影视公司，大部分公司办公都不在横店，朋友关系维护的成本较高。北京798内合作对象之间朋友关系较少的一个重要原因可能是由于798物业垄断经营，与艺术家和画廊大多采取"一年一签"的短期物业租赁合同，租金水涨船高，艺术家被迫大批迁出，中小画廊也难以承受，流动性较大，合作对象之间难以建立深厚的紧密关系。相对来说，西安曲江有为数不少的国有大中型企业，管理比较规范，不太看重人际关系。但据访谈对象反映，这些国有企业之间盘根错节，相互持股，比市场上的松散朋友关系要紧密得多。无论怎样，基于关系或情感的人际信任在三个集群中都比较低，但相对而言，浙江横店在关系信任水平上明显要比其他两个集群高一些。

3. 制度信任

制度信任一方面是通过询问集群内文化企业哪些因素可以促进合同实施来进行测量的。下面是问卷统计结果（见表3-3和图3-3）。

表3-3 制度信任测量结果对比

	北京798（%）	西安曲江（%）	浙江横店（%）
法律	53.57	56.67	66.67
政府	26.7	36.67	33.33
协会	33.93	26.67	38.89
其他	23.2	20	27.78
任何第三方都无法促进	17.9	3.33	16.67

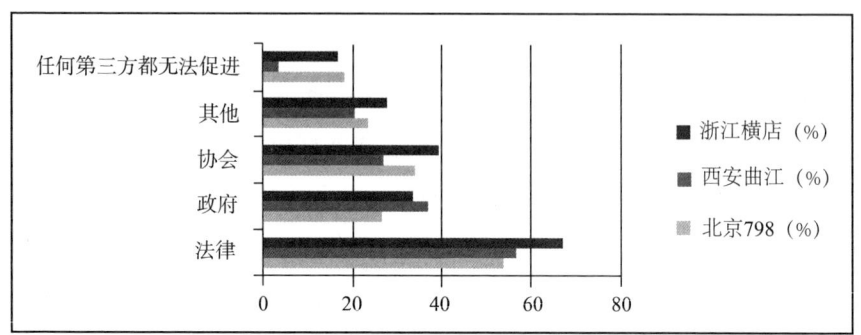

图 3-3 制度信任测量结果对比

在制度信任上，法律在促进合同实施方面，北京798、西安曲江和浙江横店三个集群中的比例超过50%，表明基于法律的制度信任基本存在，但水平不高。据访谈对象分析，目前我国缺乏相关适用的艺术品市场管理方面的法律法规，艺术品市场上制假、售假和拍假的现象愈演愈烈，艺术品真假优劣、价值高低难以鉴定；另外，法庭诉讼机制不健全，导致很多经营者不相信法律。在政府促进合同实施方面，西安曲江略高于其他两个集群；而北京798和浙江横店在协会信任上又比西安曲江要高，并且在任何第三方机构都无法促进合同实施上的比例要远远高于西安曲江。这凸显出北京798和浙江横店草根企业对政府的信任度相对较低以及对协会等民间组织的某种期待。

另一方面，从解决纠纷的方式看，不同文化产业集群的制度信任度表现如表3-4和图3-4所示：

表 3-4 三个集群的制度信任水平对比

	北京798（%）	西安曲江（%）	浙江横店（%）
仲裁	12.5	40.00	16.61
法庭裁决	16.07	53.33	33.33
私下协商	53.57	53.33	66.67
协会调解	30.36	36.61	33.33
领导型企业调解	10.71	20.00	5.56

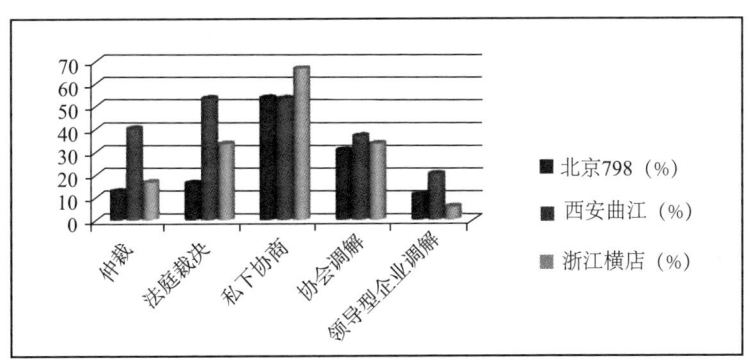

图 3-4 三个集群的制度信任水平对比

在我国,普遍存在的仲裁机构行政化倾向致使其公信力和权威性不足。在北京 798 和浙江横店,企业对仲裁机构的信任度不高,相对于法庭裁决,对民间性更强的协会调解方式采用倾向更强。据访谈了解,北京 798 于 2011 年由画廊业主自愿成立了北京画廊协会 798 分会,2012 年浙江横店影视实验区也成立了民间性的横店影视协会。但迄今为止,西安曲江尚没有成立集群协会,只是个别企业加入了北京的或其他地区的行业协会。相对而言,西安曲江作为国有背景的文化产业集群对仲裁机构、法庭裁决的采用率要高于行业协会的调解以及另两个集群。私下协商似乎是三个集群都愿接受的一个比较通行的方式,把在法律制约下的双边互惠互信作为解决纠纷的主要方式。或者说大家意识到,法庭解决纠纷的成本较高,从而愿意进行"私下协商",可以把这种信任形象比喻为"法律庇护下的信任"(迪克西特,2007)。因此,纠纷的解决方式基本印证了三个集群在制度信任上的相似之处。

(二) 声誉机制与集体惩罚机制

声誉机制是扩展非互惠交易对象间合作的重要机制,协调范围较广。在本书第二章,理论框架已经论证了声誉机制发挥作用的条件,如集体惩罚机制的作用、信息传递以及稳定的群体。由于集群成员本身相对稳定,为此,本书设置了信息和集体惩罚的相关问题来了解和比较。

1. 询问是否容易知道其他企业发生纠纷的信息?

表3-5 是否容易知道其他企业发生纠纷信息的对比

	北京798（%）	西安曲江（%）	浙江横店（%）
是	48.21	16.67	50.00
否	3.57	20.00	5.56
不清楚	48.21	63.33	44.44

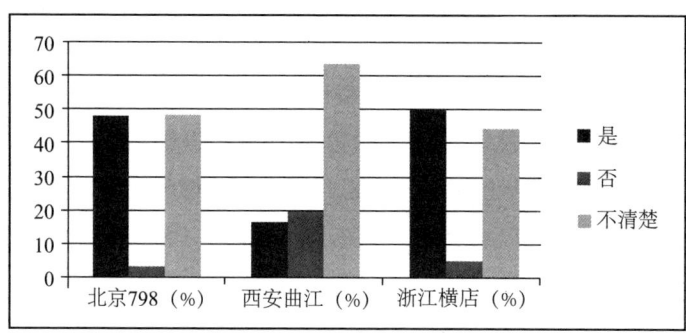

图3-5 是否容易知道其他企业发生纠纷信息的对比

2. 集群企业了解其他企业间纠纷的渠道

表3-6 三个集群的信息渠道对比

	北京798（%）	西安曲江（%）	浙江横店（%）
行业协会	1.79	13.33	16.67
朋友聚会	44.64	20.00	50.00
自然而然就知道了	26.79	10.00	16.67
政府处	3.60	6.67	5.56
其他	10.71	0	16.67

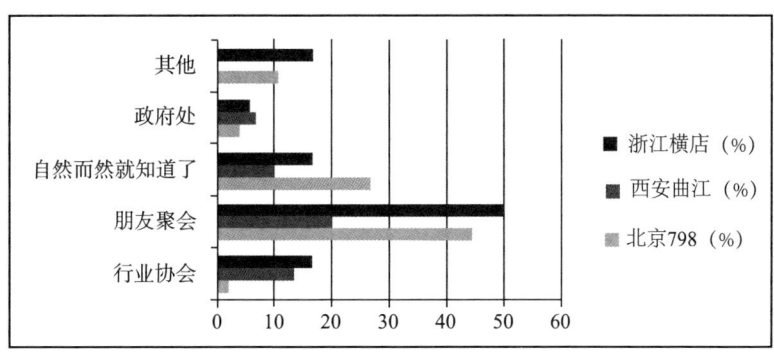

图 3-6 三个集群的信息渠道对比

3. 贵公司会不会与有违约责任的企业合作?

表 3-7 三个集群的集体惩罚水平比较

	北京 798（%）	西安曲江（%）	浙江横店（%）
会	1.79	0	0
不会	82.14	66.67	83.33
不确定	7.14	16.67	16.67

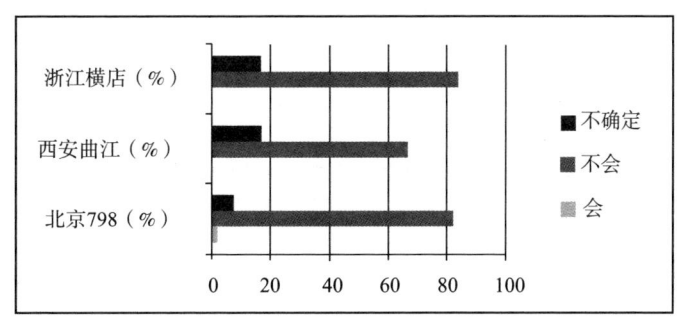

图 3-7 三个集群的集体惩罚水平比较

根据表 3-5、表 3-6、表 3-7 和图 3-5、图 3-6 和图 3-7，在文化产业集群内企业间发生纠纷的信息是否很容易被其他企业知道的回答中，北京 798 和浙江横

81

店回答"是"的比例分别是48.21%和50%,比西安曲江的16.67%的比例要高很多,信息传播更快、更通畅,但是三个集群的主要的信息渠道都是朋友或非正式群体,信息的来源可靠性不高;本书第二章理论框架中已经分析了集体惩罚机制发生作用的两个条件,即集体惩罚的标准和信息传递的速度和准确度。北京798和浙江横店回答"不会"与有违约责任的企业合作的比例都高达80%以上,说明这两个信息传递相对快速和已经设立行业协会的集群对于集群内有违约责任的企业的容忍度较低,但由于信息准确度不高,集体惩罚机制作用还不算很强。综合而言,在北京798和浙江横店的集群群体比较稳定,信息传播较快、集体惩罚机制作用中等,基本具备声誉机制发挥作用的条件。西安曲江则较弱,可能与西安曲江的文化行业分类较多、入驻文化企业较多而相关集群行业协会还未建立,相关行业行为的集体评判标准还不太明确有关。通过对三个集群的观察发现,北京798和浙江横店两者基本处于开放式的空间,集群企业彼此更容易进行信息沟通和交流,而西安曲江所有企业分布在几栋不同的写字楼中,写字楼几乎都设有门禁,除了依靠曲江新区管委会服务中心的信息平台或各种单位的内部信息平台,平时很难面对面接触,信息传递的速度和容易度都相对较低。

(三) 集群文化

集群文化是集群企业在一定的地域文化背景下长期互动形成的共同认可的观念和行为规范。本书通过问卷询问文化产业集群内企业之间有没有形成共有的价值观念或行为规范,如果有的话,具体用什么来进行量化,下面是问卷的统计结果(见表3-8)。

表3-8 有无形成集群文化及集群文化的具体表现的比较

	北京798(%)	西安曲江(%)	浙江横店(%)
有	46.43	46.67	55.56
无	42.86	50.00	44.44
如果有,各种提法的比例	创新、自由(25)、开放(19.64)、信任(10.71)	创新(26.67)、共赢(23.33)、信任(16.67)	信任(16.67)、团结、共赢和单打独斗(11.11)

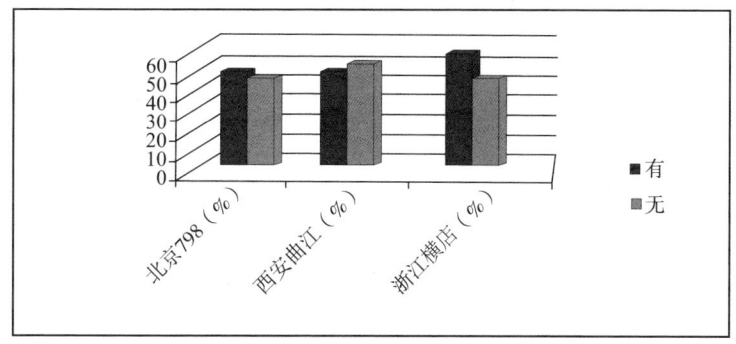

图 3-8 有无形成集群文化

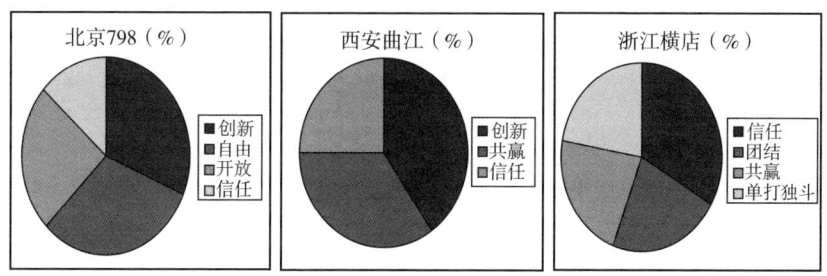

图 3-9 集群文化具体表现的比较

在三个文化产业集群中，回答"有"共同价值观的接近 50% 或刚刚超过 50%，总体比例不高。从集群文化内容上看，各种提法相对分散，可知并没有形成真正的"共识"。因此，集群文化机制在三个文化产业集群中都难以发挥作用。主要原因在于，这三个集群的集聚时间都不算长，只有 8~10 年的时间，而且根据访谈对象所述，不同集群都有其特定的问题。如北京 798，从 20 世纪 90 年代末期聚集的最早一批艺术家已基本迁出 798，新进来的中小画廊机构除非背后有财团或基金支持，大部分无法承受高房租而发生频繁流动；规模较大的画廊大都来自十几个不同的国家或地区，文化差异较大，加上合作较少等原因难以形成共享的价值观或惯例。西安曲江的国有企业和民营企业之间沟通较少，很多小微民营文化企业存在"候鸟式"迁徙现象（优惠到期或政府承诺不兑现就迁走）。浙江横店除了横店集团旗下的影视公司、本地的影视企业以及各种影视道具、器材租赁辅助企业外,其他的影视公司办公地址基本都不在横店,只在有影视拍摄任务时会出现在横店影视基地,才与相关配套企业产生合作关系。总体而言,三个文化产业集群的"根植性"不够强,目前很难表现出集群文化的特征。

(四) 四种网络治理机制在三个文化产业集群中的总体比较

根据四种网络治理机制在北京798、浙江横店和西安曲江三个文化产业集群中的表现所得数据,为便于比较可将其作用强度划分为三个标准,即弱、中、强。根据统计比例,低于50%以下的为弱,50%(接近50%)到80%的为中,高于80%的为强,然后在计算综合影响后进行横向比较。

表3-9 四种网络治理机制表现强弱对比

		北京798	西安曲江	浙江横店
信任	交易信任	中弱	中	中强
	关系信任	弱	弱	弱
	制度信任	中	中	中
声誉		中	弱	中
集体惩罚		中	弱	中
集群文化		弱	弱	弱
综合影响		中弱	弱中	中弱

通过表3-9可知,根据交易信任、关系信任和制度信任的影响,可以综合得出三个集群总体的信任水平分别是"中弱、中弱和中",再综合声誉、集体惩罚、集群文化的作用程度,能够描述三个文化产业集群的网络机制的总体水平:北京798为中弱、西安曲江为弱中、浙江横店为中弱。北京798和浙江横店的网络治理机制比西安曲江的网络治理机制作用要强一些,浙江横店的网络治理机制作用效果比北京798的强度稍微大些,但总体而言,三个文化产业集群的网络治理机制作用都比较弱。

二、领导型企业机制

在验证三个文化产业集群中是否存在领导型企业机制以及作用程度方面,本书设置了两个问题:

(一)请问文化产业集群内有没有领导型企业[①]?

表 3-10 领导型企业存在与否的比较

	北京798(%)	西安曲江(%)	浙江横店(%)
有	37.50	63.33	22.22
无	51.79	30.00	66.67

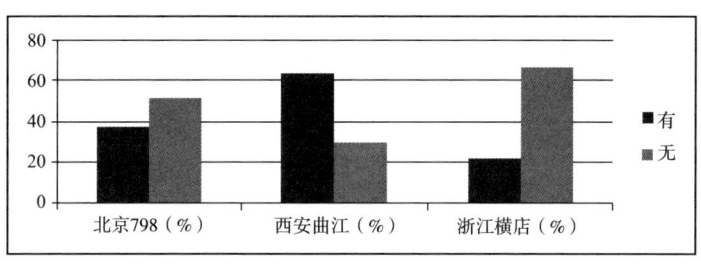

图 3-10 领导型企业存在与否的比较

(二)如果有,您认为领导型企业对贵公司及文化产业集群有什么影响?

表 3-11 三个集群领导型企业对集群的作用比较

	北京798(%)	西安曲江(%)	浙江横店(%)
A. 吸引融资	3.57	30.00	0
B. 吸引人气,推动国际化	32.14	33.33	33.33
C. 有助于改善园区软设施	7.14	33.33	5.56
D. 园区品牌形象提升	23.21	43.33	11.11
E. 对外合作的纽带	8.93	30.00	5.56

---

① 领导型企业是指那种影响力很大的企业,无论是规模还是能力都领先于园区内其他企业,并对其他企业带来有形或无形的好处。

续表

	北京798（%）	西安曲江（%）	浙江横店（%）
F. 带动当地产业升级	8.90	30.00	5.56

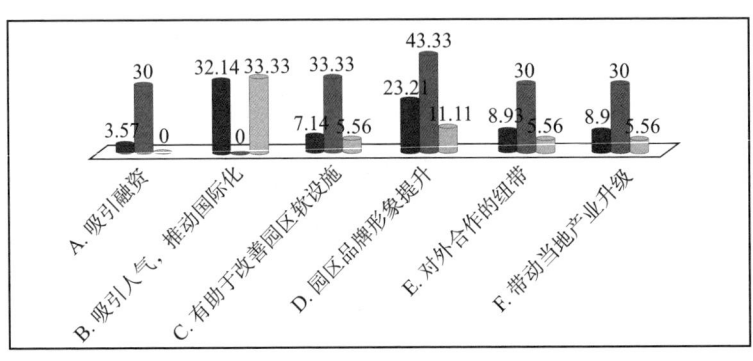

图3-11 三个集群领导型企业对集群的作用比较

三个文化产业集群在回答"有无"领导型企业的问题时，西安曲江回答"有"的比例为63.33%，而北京798和浙江横店比例则不足一半，并且领导型企业机制的作用程度都不强。根据访谈资料分析，西安曲江文化产业园主要是依托曲江管委会的直属企业集团"曲文投"和控股企业集团"陕文投"建立起来的产业集群，尤其是"曲文投"旗下六大文化集团都分别带动曲江文化产业的某一个类别，具有一定的综合引领带动作用。北京798没有明显的领导型企业的作用，最大的机构尤伦斯艺术中心在吸引人气和带动园区品牌形象提升方面作用较大，在带动艺术区的其他方面的作用比较有限。但浙江横店却有明显的领导型企业作用，例如横店集团投资80亿元打造全球最大的影视实景拍摄基地，协调各个剧组的拍摄活动、设立演员公会、横店影视职业学院为剧组提供各种层次的人才；横店集团旗下影视企业在发行和院线方面在全国也比较具有影响力，院线排名全国前十，对中小影视企业或配套企业具有很大的影响力。可以说，没有横店集团的软硬件投资，就没有今天的横店影视产业实验区。之所以出现数据偏低的现象可能是因为：大量的影视制作企业缺席调查，他们只是在实验区登记注册，常驻办公地在北京、上海、杭州等一、二线城市，只在有拍摄任务时才出现在园区。本次在浙江横店的调查样本出现了一些偏差，主要是样本分布有偏差，填写问卷的大都是道具、器材、服装租赁等辅助企业和少量的常驻园区的影视企业，尤其是那些影视拍摄的辅助配套企业与横店集团影视城的业务有竞争关系，遭到横店集团某种程度的挤压和排斥，内心有所抵触，不认为横店集团能给他们带来什么好处，所以，在浙江横店回答"有"领导型企业的比例偏低。但访谈资料和文档资料可以对此偏差进行修正。在领导型企业的外部性表现上，三个集群在 B（吸引人气，推动国际化）和 D（园区品牌形象提升）上表现相对比较集中。

三、集群协会机制

集群协会不同于一般的行业协会，它是指建立在集群内部的协会或协会分会，既可以是单一行业，也可以是多个行业的协会的组合。北京798和浙江横店分别于2011年和2012年成立了集群范围的北京画廊协会分会和横店影视协会，但协会作用发挥得到底怎样呢？西安曲江尚未成立集群范围的协会，但是否受到协会机制的作用呢？为此，本书设置了如下问题。

（一）请问贵公司有没有参与到某种协会中？

表3-12　三个集群参加协会的状况比较

	北京798（%）	西安曲江（%）	浙江横店（%）
有	31.5	26.67	50
无	62.5	70.00	50

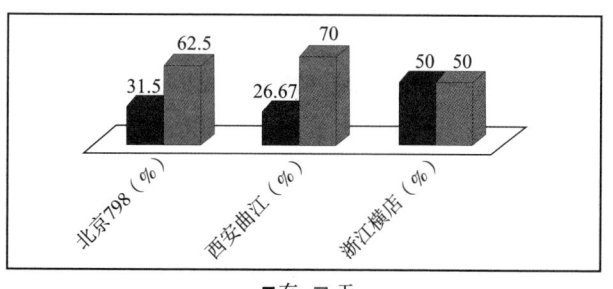

图3-12　三个集群参加协会的状况比较

（二）如果有，请问您认为集群行业协会对贵公司的作用有哪些？

表3-13 集群行业协会对集群企业的作用对比

	北京798（%）	西安曲江（%）	浙江横店（%）
A. 营销推广中介	30.36	23.33	11.11
B. 联络中介	32.14	26.67	22.22
C. 政企桥梁和行业秩序维护	39.29	23.33	16.67
D. 行业培训	23.21	13.33	11.11
E. 纠纷协调	10.71	6.67	5.56
F. 代表行业向政府争取利益	23.21	10.00	11.11
G. 筹集资金	3.57	0	0
H. 没什么用	16.07	0	16.67

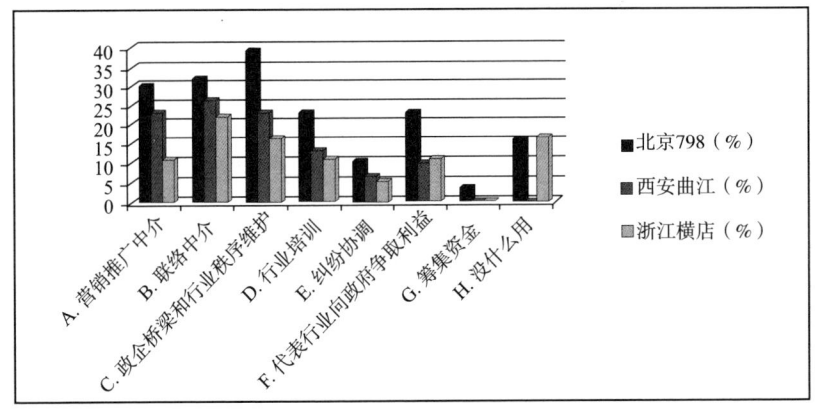

图3-13 集群行业协会对集群企业的作用对比

从表3-12、表3-13和图3-12、图3-13可以看出，浙江横店参加协会的企业比例刚刚超过50%，远高于其他两个集群，但从协会发挥的作用来看，北京798协会的作用明显优于西安曲江和浙江横店；西安曲江虽没有成立集群协会，但协会机制仍然起作用，只是作用效果较弱。根据三个集群的访谈资料分析，具体原因在于，北京798的北京画廊协会798分会是民间协会性质，完全由画廊业主自愿发起，前后酝酿了十几年，终于在2011年成立，并且先后组织开展了一些集体活动，如不定期的行业培训、联合画廊业主举办北京画廊周推广活动、与"艺术北京"（艺术博览会）合作，降低会员参加展会的成本；游说政府降低艺术品进口关税等；存在的问题是会员收费问题还没有制度化，导致"搭便车"者众多，很多画廊没加入协会但也享受到协会的服务，造成参加者比例不高但效果业已显现的局面。在调研期间，画廊协会的行业自律的规范还没有发布，主要与艺术品行业特殊性有关。除了北京画廊协会之外，北京798也正在筹建798商户商会，即一些非画廊业主的民间组织。除此之外，有的画廊业主个人还参加了一些如"美术家协会"等半官方性质的协会，但对于企业自身和集群的发展基本不起作用。相对而言，浙江横店影视协会虽然成立了但由于是官方（横店管委会）推动的结果，缺乏内生的积极性，处于被动配合政府及横店集团"办节办会"的地位。横店集团总裁助理兼横店影视产业协会副会长认为，一个主要的原因是大多数影视企业不在实验区常驻办公，难以开展工作。其实，深层次的原因是横店集团不希望有个强大的横店影视协会来影响自己在横店影视实验区的垄断地位，因此也没有积极地推动协会的发展。西安曲江没有成立集群协会，一个重要的原因是这里的企业主体是国有大型企业集团"曲文投"、"陕文投"及其下属子公司，而众多小微民营文化企业实力薄弱，没有能力自我组织，遇到政府不愿放权的环境，只有少数企业参加了北京等外地的相关行业协会。

四、政府机制

政府机制在所考察的三个文化产业集群中都明显存在，因此，本书主要是测量政府的法律、法规、政策在三个文化产业集群中的作用程度。本书设置的问题是：您认为政府对企业的帮助有哪些？下面是问卷的统计结果（见表3-14、图3-14）。

表3-14 政府机制的作用程度对比

	北京798（%）	西安曲江（%）	浙江横店（%）
A. 出台相关激励（财政、税收）政策	48.21	83.33	77.78
B. 出台法律法规，保护版权和维持竞争秩序	32.14	60.00	22.22
C. 完善集群公共基础设施（硬件）	46.43	60.00	16.67
D. 完善集群公共服务平台（软件）	19.64	46.67	11.11
E. 作用不明显	44.64	3.33	16.67

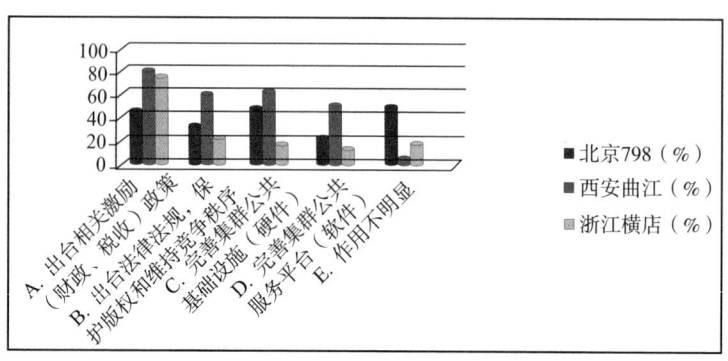

图 3-14 政府机制的作用程度对比

西安曲江作为政府驱动型产业集群，政府在集群发展中的作用非常突出，在政策激励、保护版权和维护竞争，园区内的硬件和软件设施投资等方面都比其他两个自发产生的文化产业集群的政府机制发挥的作用要强。在两个市场驱动型的产业集群中，一方面，北京798与浙江横店相比，除政策激励外，其余项目上表现比横店要强些；另一方面，在"政府作用不明显"项上的比例又比横店高很多，反映出浙江横店的"小政府、大市场"的集群特点和北京798产业集群中的政府机制的作用还没有得到大多数企业的认可，期望和现实的距离比较远。但总体而言，北京798与浙江横店的政府机制作用属于中等偏弱的水平。

根据访谈和文件资料分析，北京798的中型画廊企业希望获得政府减税方面的政策支持，而小型画廊企业则希望政府能抑制不断上涨的房租，但这两点都没有得到实现。而且，政府对当代艺术还处于一种"半支持和半压制"（被访谈者原话）的状态，激励政策也不透明，有失公平。在竞争秩序和版权保护方面，首先，物业的垄断经营导致画廊业主经营成本不断上升且经营的不稳定性增加；其次，国内艺术品市场无序竞争，大部分藏家急功近利，投机性太强，绕开画廊直接和艺术家、拍卖行做交易；再次，拍卖行不顾商业道德，知假售假，扰乱市场秩序；最后，还有一些艺术品电商在版权上与艺术家和画廊企业存在纠纷，已经被艺术区内企业联合起诉到法庭等问题迫切需要有完善和切实有效的法律法规来规制。浙江横店管委会、各级政府和行业主管部门对于横店发展影视产业给予大力支持,激励政策比较明确,如鼓励电影院线投资,根据屏幕多少确定扶持经费等,极具可操作性。但在规范横店集团与中小影视企业及配套企业的竞争秩序上政策与执行不够到位,对影视产品内容的审查过于强调"意识形态"或过于"外行",导致影视创作被绑住了"手脚";而且进口影视产品发行权垄断,影视产品放映渠道相对垄断等法律法规严重限制了影视企业的发展,也反映出政府机制在这些方面有待改善。曲江的政府机制在资金支持方面发挥作用比较大,政府强力推动实施了"七位一体"的产业融资扶持政策,包括设立文化产业扶持基金、风险投资、贷款担保的专门机构,以及通过房租减免、财税补贴、专项奖励和小额贷款,对企业激励力度较大。尤其对"转制改企"的原国有文化事业单位,在改制前期减免五年所得税及其他优惠的基础上从2014年起继续延续5年的所得税减免及其他扶持的政策。但是据访谈和其官方网站文件了解,大型国有企业和中小民营企业在政策的可获性和市场竞争方面,中小民营企业则明显处于不利地位。在政策激励方面,大企业明显优先的现象在三个文化产业集群普遍存在。

值得注意的是,目前三个文化产业集群对于政府机制在营造公平竞争秩序以及放松监管方面的需求较高,而对政府在版权保护方面法律法规的完善和执行上没有体现出应有的诉求强度,这在很大程度上说明我国文化企业的版权保护意识和创新意识还不够强。事实上,版权缺乏保护的问题还是很严重的,如北京798有艺术机构反映部分艺术家造假、拍卖机构知假拍假以及艺术家和画廊同艺术品电商的版权纠纷等现象,已经造成了市场的混乱;浙江横店成立"版权调解委员会"也表明了版权保护问题的重要性。最后,三个文化产业集群在政府机制供给上另一个共同的问题是政府的"软性"政策相对比较密集,但"硬性和普适性"的法律法规却显得不足,尤其是缺乏完善的知识产权保护和文化产业促进方面的法律,不利于集群的长远发展和参与全球化竞争的需要。

五、非营利组织机制

关于非营利组织(艺术组织和基金会等)机制的作用,通过测试其对集群企业的帮助程度来衡量。统计结果如下。

表 3-15 非营利组织机制的作用程度对比

	北京798（%）	西安曲江（%）	浙江横店（%）
人才培养	16.07	13.33	0
资金支持	10.71	10.00	0
知识、信息交流	42.86	36.67	22.22
影响政府艺术政策的制定	14.29	0	0

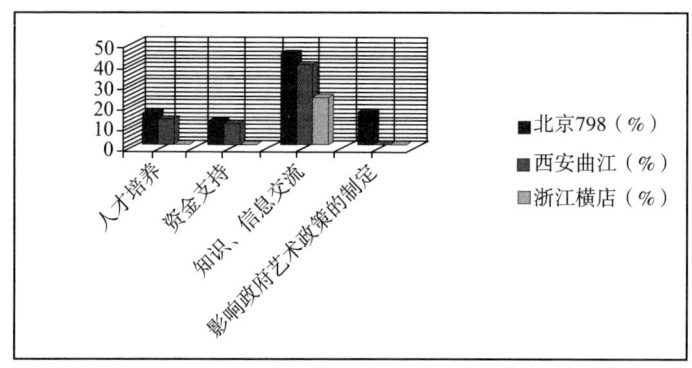

图 3-15 非营利组织机制的作用程度对比

根据表 3-15 和图 3-15 可知，非营利组织机制在北京 798 的作用表现要比西安曲江和浙江横店的强，主要原因是北京 798 的现当代艺术是比较小众的，不容易商业化的实验性艺术形态。画廊具有培养艺术家、陶冶社会公众情趣、提高公众审美水平的巨大的社会效应，每年来北京 798 参观的大中小学校的学生和市民、游客超过 400 万人。由比利时尤伦斯基金会支持的尤伦斯艺术中心在北京 798 发挥了比较大的公益作用，比如收藏青年艺术家的作品，帮助青年艺术家办展，评选优秀作品，开展学术讲座及研讨会、影像作品放映、现场演出，以及面对社会的教育项目等。尽管如此，但尤伦斯艺术中心在中国注册的是企业而不是非营利组织，近年来由于经营压力，被迫逐渐减少学术性讲座、研讨会，增加商业性经营项目，如开办咖啡馆、时尚服装店等。这主要是因为我国政府对于民间成立的或外资的非营利基金会或艺术团体持有"非常审慎的态度"（担心其参与洗钱或进行意识形态渗透），因而无法获得注册资格和获得政府的免税、资助以及合法取得其他公民、企业的捐赠。在这样的制度环境下，所调查的对象中如"零艺术中心"、"白盒子美术馆"等都遭遇到同样的困境,即资源的有限性使很多非营利组织难以发挥出更大的作用。而浙江横店的影视艺术是一种比较商业化的文化类别,非营利组织主要是资助和扶持营利性弱的影视项目或奖励艺术精品等,所以非营利组织在横店影视产业中没有发挥太大作用;而西安曲江文化产业园区的文化产业类别比较多,既有商业性强的文化产业,也有商业性弱的演艺、艺术品等形态,非营利组织的作用能够得到一定的体现。

第三节 本章总结

本章分别通过问卷、访谈、观察和文档等各种来源的资料的相互交叉印证,得出了三个文化产业集群的五种治理机制都存在并发挥着一定的作用,只是强弱不同。

关于三个文化产业集群的各种治理机制的作用程度的比较,遵循与网络治理机制相同的比较标准,可将每一种治理机制作用强度划分为三个标准,即弱、中、强。根据统计比例,低于50%以下的为弱,50%(接近50%)到80%的为中,高于80%的为强。具体结果如表3-16所示。

表3-16 四种治理机制的强弱对比

	北京798	西安曲江	浙江横店
网络机制	中弱*	弱中	中弱*
领导型企业机制	弱	中弱	中强*
协会机制	弱中*	弱	弱
政府机制	中弱	中强*	中弱
非营利组织机制	弱中*	弱	弱

注:*表明在三个文化产业集群中表现最显著的。

根据表3-16,三个文化产业集群的治理机制中,北京798的协会机制和非营利组织机制比其他两个集群作用强;西安曲江在政府机制作用上明显强于其他两个集群;浙江横店在领导型企业机制作用上占有优势地位。但总体而言,除了政府机制在三个文化产业集群中的作用基本处于中等水平之外,其他机制作用相对都比较弱。

第四章 三个国内文化产业集群的治理结构比较

文化产业集群治理结构是文化产业集群内各治理主体在集群战略决策中的权力分布和相互关系,是集群治理机制动态变化和调整的结果。为更好地理解不同文化产业集群治理结构演进的差异,需要对三个文化产业集群的发展历程进行比较详细的刻画,然后再从宏观治理结构、微观治理结构以及总体治理结构等几个方面进行比较。

第一节 三个文化产业集群的发展历程

不同的文化产业集群有不同的发展背景、发展路径,其发展历程体现了各自独特的治理结构特征。

一、北京 798 艺术区的发展历程[①]

从 20 世纪 90 年代开始,"艺术家群落"成为一种新的文化现象,自"圆明园画家村"因体制原因被取缔后,艺术家通过集聚的方式寻求精神家园、寻求社

[①] 有关 798 的重大事件以及相关数据除来自刘明亮:《北京 798 艺术区:市场语境下的田野考察与追踪》,中国艺术研究院 2010 年博士论文,第 31—55 页;杨猛:《798,艺术与权力的较量》,《南都周刊》第 370 期, http://past.nbweekly.com/Print/Article/9058_0.shtml 以外,其余来自访谈(访谈资料来源见附录4)、档案文件等。凡来自以上数据和资料的将不再一一注明。

会和市场认可的步伐并没有停止。在北京的郊区,散落着 100 多个艺术村落,其中影响较大、比较典型的就是北京 798 艺术区。北京 798 艺术区经历了从工业区转变成艺术家的家园,再从艺术家的栖息地蜕变成画廊的集中地,最后是时尚的、商业的元素充斥和挤压艺术画廊三个发展阶段。

(一) 798 艺术区的形成阶段 (1997~2005 年)

798 艺术区内 90% 的建筑归属中关村科技园电子集团旗下"七星集团"的工业遗产。798 艺术区所在区域原先定位是发展"电子城"物业,只是在待拆建闲置期间,厂区的包豪斯建筑风格、低廉租金以及便捷的交通条件吸引了艺术家、艺术机构的进驻。为管理此片物业,七星集团专门成立了"七星物业",即现在的"798 物业"。1997 年,已经有部分艺术家及艺术机构陆续进驻,如因中央美术学院从王府井搬迁到花家地,隋建国老师带领雕塑系的其他老师在 798 厂租用了部分空间做教室和工作室,随之洪晃的杂志社也进驻了过来。2001~2002 年,著名音乐人刘索拉,艺术家黄锐、白宜洛、仓鑫等进入,美国人罗伯特在这里建立"八艺时区"。2002 年后东京艺术画廊进驻 798,并作"北京浮世绘"的首展,引起社会和艺术界的关注,从此 798 真正进入了大众视野。

2003 年 4 月,艺术家黄锐、徐勇发起了"再造 798"的运动,这是一场 798 从旧工厂向艺术区蜕变的关键"战役"。艺术家们以"工业文化遗产"(包豪斯建筑)需保护为名,频频发起对公众、媒体和政府的沟通、交流活动,争取政府支持保留艺术区;许多学者也做了很多努力,如清华美术学院的李象群教授在 2003 年"两会"期间向北京市人大递交了一份保护艺术区的提案,学者方李莉作为政协委员也提交了有关艺术区的调查报告。这一年,艺术区初步成型,包括画廊、艺术家、时尚品牌、艺术基金会、出版传媒等 38 家机构和 46 个艺术家工作室。2003 年,因 798 艺术区在国内外的影响,原美国《新闻周刊》主办的年度世界城市评选中北京第一次入选。2004 年由黄锐、徐勇等艺术家及百年印象、二万五千里长征文化传播艺术中心等组织和参与的首届"大山子艺术节"[①] 完全是一次以民间力量为代表的民间机构举办的国内最大规模的国际当代艺术活动。艺术节包

---

① 大山子是 798 所在地理区域名称,七星物业不允许艺术家使用 798 的名号。

含大大小小30多个系列活动，工作室免费向公众开放，吸引上万人次来798参观，引起社会各界的极大关注。

最后，政府介入进来，北京市、朝阳区两级政府展开对798的调查，组织专家进行评估，专家意见倒向了艺术家。2005年，北京市政府将798艺术区内独特的包豪斯建筑定性为"优秀近现代建筑"，此后798艺术区内建筑免遭被拆除的命运，艺术区得以保留。2005年第二届"大山子国际艺术节"由黄锐组织举办，近10万人入场参观。2005年，798艺术区的艺术家个人工作室达到40个，画廊19个，广告、设计、媒体、书店等31个、餐饮类6个，时尚店铺类7个，总数103个，艺术家工作室完全占主导地位。

（二）艺术家被迫迁出阶段（2006~2009年）

2006年，798艺术区被列为北京市、朝阳区首批市级和区级文化创意产业示范基地，获得政府的"正式认可"。随后，北京市朝阳区政府与七星集团合作设立了798艺术区领导小组，下设798艺术区建设管理办公室作为官方管理机构。为全面改造798的硬件公共设施，朝阳区政府划拨专项引导资金累计超过1.2亿元。实际上，艺术区建设管理办公室只是七星集团在运作，政府并没有派出相应工作人员进驻，这样，798物业既是艺术区物业的所有者，又是艺术家和画廊的管理者。七星集团的上级单位中关村电子集团投资开设了咖啡馆和餐厅，成立艺术品超市与艺术家争利，而且从2009年开始798艺术节就由七星集团全面接管。2008年，七星集团成立了一个其成员全部从园区外聘请的缺乏代表性的艺术委员会，掌控着对园区艺术机构、公共艺术空间、官方组织的艺术展进行挑选、指导和建议的权力。艺术区的进驻权完全掌握在七星集团手中。为提高艺术区空间的房租，物业与艺术家的租房合同采取一年一签，能否续租和租金多少的决定权在七星集团。在园区艺术家的不断抗争下，七星集团改变了起初的某些条件。最终租金是上去了，服务质量却下来了。798物业强行制定了霸道的物业制度：盖章先交费，取暖、用电要交增容费等，艺术家成为物业的"提款机"。法籍艺术家郝光因曝光物业过度商业化的做法和呼吁政府介入而遭到物业的"胁迫"。不仅艺术家在798难以立足，许多非营利艺术画廊机构也处境艰难。由尤伦斯夫妇基金会支持于2007年成立的尤伦斯艺术中心是798艺术区最大的非营利机构,曾陆续投巨资在国内举办高规格、有较大影响力的展览、展示活动,致力于打造一个"分享当代艺术体验的教育研究的平台"。然而2011年后,尤伦斯艺术中心的管理权被转让,并于2012年分别通过北京和香港的拍卖行出售其藏品拍得巨额卖价时,再次引起人们对其非营利组织身份的质疑(侯文佳,2012)。

但是随着798艺术区影响和声名的远播,除了吸引了世界各国的艺术家和画廊外,也带来了大量的中外游客。世界各国政要名人以逛798为荣,798艺术区成为外地人、外国人来北京的必游之地,每年798艺术区要接待400余万游客。伴随798的人气上升,798物业涨租的欲望被不断拔高,而艺术品市场却因2008年金融危机的打击陷入谷底,包括德国的空白空间、意大利的常青画廊等十余家中小型的画廊搬离798艺术区或关闭了在798的业务。2006~2009年,艺术区的业态发生了急剧变化,艺术家个人工作室只剩下25个,正好是2006年的一半,画廊数量虽然继续上升但已放缓步伐至168个,其他艺术机构下降为36个,餐饮类上升到38个是2006年的3倍多,时尚店铺类上升到64个为2006年的6倍。市场和扭曲的艺术区管理在资源配置中的作用越来越大。

(三)画廊企业衰退阶段(2010年至今)

798商业化的日益加剧和艺术家的大批流失引起了政府的重视。2010年,北京市和朝阳区政府意识到798艺术区内物业与艺术家、画廊等文化机构之间有着难以调和的矛盾,基于798巨大的社会声誉带给北京的潜在价值,开始筹建798管理委员会(以下简称798管委会)。工作目标之一就是推进园区的发展,协调物业与文化机构之间的关系,由朝阳区文化委和七星集团分别派出人员共同组成的798管委会于2012年正式成立。

早在2006年起,画廊企业就成为798艺术区的主角。但随着2008年以来艺术市场的"寒冬"继续深化,798艺术区的当代艺术画廊也开始走向衰落。2014年,据物业统计,798艺术区机构总数是570家,直接租户400户,170家是大的间接商务租户;400家直接租户中,艺术画廊和艺术空间有170户,个人工作室50户,餐饮40家,商务办公100家,工业生产和服务行业30余户。画廊和艺术家的总量并没有太大的下降,但比重由2009年的56.6%下降38.6%,当代艺术画廊的生存危机十分严重。一方面是艺术品市场的盈利周期长。画廊作为艺术家的培养和开发机构，一般培养一个艺术家要3~5年的时间才可能会产生一些收益，没有雄厚的资金支持，往往等不到盈利就要关门。另一方面是大的画廊机构需缴纳的税费太高。据较大的艺术机构（佩斯、尤伦斯）反映：艺术品行业的交易方式比较特殊，许多交易难以开立增值税抵扣发票，在实施"营业税改增值税"后，艺术画廊的纳税成本并没有下降。除增值税外，还有所得税、进口关税及进口增值税、保险费、运费、布展费，在艺术品市场萧条的背景下，大多数机构都是难以承受的。加上房租节节上升，不少画廊打起避税"擦边球"，或注册为个体纳税人，或直接到国外交易，许多藏家为了省税也倾向于到拍卖行买画，艺术品市场高税收也是导致艺术品市场乱象丛生的原因之一。还有一个重要的原因是艺术品市场缺乏有效的法律、法规甚至管理条例。有些艺术家造假，画廊知假售假，艺术家和藏家绕过画廊和拍卖行交易等，既有艺术家、画廊之间互不信任，藏家对画廊认可度低的原因，更重要的是整个行业缺乏有效的监管和规范。

总体而言，北京798艺术区的发展经历着从非产业化的"艺术区"向产业化的"艺术品交易中心"以及从"艺术品交易中心"向"艺术、时尚商业"中心的转换。目前，798艺术区入驻各类机构570家，但产业增加值难以统计，因为绝大部分机构都是以个体身份进行工商和税务登记注册的。据798管委会主任反映，798艺术区每年税收总共不超过一个亿。由于798地产商（物业）的负面影响和政府的谨慎支持态度，798艺术区处于艺术产业不断衰微、动荡变化的阶段。

二、西安曲江新区文化产业园区的发展历程①

西安是历史悠久的文明古都，文化积淀非常厚重。20世纪90年代，在西安仅10多平方千米的城区范围内，居住着近100万的流动人口和40万常住人口。为缓解人口压力和发展城市空间，必须向城外发展。可当时的城外土地上遍地是

---

① 西安曲江的事件和数据一部分来自徐敏：《曲江之变》，《新西部》2014年第7期，第14-19页，其余来自官方网站和笔者调研取得，相关访谈资料来源见附录4。凡来自以上数据和事实的将不再另行注明。

文物，处处是禁区，为了避免文物和生态遭到破坏，只有三个区域可供选择，其中就有位于西安城区东南部的曲江新区。曲江新区，前身是1993年设立的省级文化旅游开发区，2003年更为现名，拥有悠久的唐文化，享有中国古典园林先河的美誉。

西安曲江新区文化产业园区的发展历程主要包括集团化阶段、集团化和集群化以及发展速度减慢三个阶段。

（一）集团化发展阶段（1995~2007年）

为突破开发协调的难度，1995年西安市政府成立了西安曲江旅游度假区"管理委"（现为曲江新区管委会）及西安曲江旅游建设开发总公司（现为"曲文投"）负责管理和开发。曲江新区管委会是西安市政府享有市级管理权限的派出机构，在其辖区内拥有项目规划、审批、土地出让、建设管理和企业管理比较全面的权力。但是当时"开发区热"不断降温，融资难成为普遍现象时，常规的"土地换资金"的招商思路被演变成"圈地、倒卖"的闹剧，许多土地"几易其主"，绝大部分开发协议成为"一纸空文"，管委会所期待的城市基础设施和公共空间发展也成为泡影。具有市场意识的时任管委会主任认识到必须改变"坐地求财"的思路，"筑巢引凤"才能换来一线生机。即先征地，然后举债进行文化遗产资源的包装和城市公共设施建设，再进行可利用土地的招标拍卖，最后进行文化资源项目管理。如改造大雁塔北广场项目需5亿元的资金，但管委会账上仅有200万元，曲江新区管委会利用其"政府"的特殊背景一手举债，一手拿着规划好的商业建筑标书寻找投资人。项目建成后，引起市场巨大反响，周边土地身价倍增，投资人蜂拥而来，化解了管委会开发融资难和文物保护难的双重困境。

2002~2007年，曲江新区管委会和"曲文投""两块牌子，一套人马"坚持以文化旅游助力城市发展为宗旨，陆续开发了大雁塔北广场、大唐芙蓉园等多个重点文化项目，举办了"盛典西安"、"曲江国际唐人文化艺术周"等系列盛大的文化活动，渐渐形成了富有特色的文化旅游开发模式。在"文化遗产+旅游+城市建设"为特征的曲江模式获得巨大成功后，2005年曲江新区管委会组建了曲江文化产业（投资）集团（"曲文投"），通过资本运作，从单一文化旅游进入会展、影视、商贸、房地产等多元化的文化产业投资领域。2006年，"曲文投"被国家文化部授予"国家文化产业示范基地"荣誉称号；2007年，曲江新区文化产业园晋升为第一批国家级文化产业示范园区之一。

(二)"集团化+集群化"的"双轮驱动"模式(2007~2012年)

2009年，曲江新区控股的陕西省文化产业投资控股有限公司成立(以下简称"陕文投")，加快复制和推广曲江模式。2007年以来，在陕西省、西安市两级政府授权下，曲江新区管委会利用其旗下"曲文投"、"陕文投"(跨区划、所有制、行业、部门、级别)进行资源整合，形成以主题公园、文化旅游为依托，集影视动漫、文体娱乐、会展演艺等多元文化产业集群模式，吸引了一批如陕西广电网络、中视影视、华商传媒集团等航母型文化集团入驻。进入集群化发展阶段时，曲江文化产业园区同时享受文化部、陕西省、西安市三级文化产业扶持政策。曲江新区管委会在曲江文化产业园区搭建了完善的"一站式"包括工商、税务、政策咨询等一条龙的创业企业服务体系和"七位一体"的投融资及政策平台。具体来说，为入区文化企业每年提供3亿元的产业发展基金和贷款担保及风险投资服务；补贴营业税、办公场地租金；设立了十几种产业发展引导奖项、国产影视新人新作助推基金(1亿元)以及推出多条有关会展、影视的优惠政策。曲江新区管委会在发展文化产业的同时，2006年以来加强了公益性文化服务设施的建设，前后投资20亿元，开工建设曲江池遗址公园等六大遗址公园以及西安音乐厅、西安美术馆等公共文化场馆。

(三) 发展速度减慢阶段(2012年至今)

2012年后，由于"曲文投"对"法门寺"景区的过度商业化开发，导致社会各界的质疑不断，"曲文投"和"陕文投"发展速度开始放缓。2012年、2013年文化产业增加值分别为36.2亿元、49.18亿元，增速分别为40%、34.6%。2014年12月底，曲江新区入区文化企业累计达3252家，形成包括15个门类的多元文化产业链。虽然入区企业多，但绝大多数属于"候鸟型"小微企业。在文化体制改革所释放的政策效应逐渐下降时，曲江发展进入了"慢车道"，并且经济效益增长乏力。

三、浙江横店影视产业实验区的发展历程①

40年前的浙江横店仅仅是一个贫穷偏僻、交通闭塞的山村，而今的横店号称"江南第一镇"、"东方好莱坞"。横店影视实验区作为全国唯一的国家级影视产业实验区，经历了从"影视基地+旅游"到影视产业实验区以及实验区发展放缓三个阶段的发展。

（一）"影视基地+旅游"（1996~2004年）

20世纪90年代的横店，工业化、城市化的基础十分薄弱。但是横店集团作为中国集体经济和民营经济的混合体，担当了发展横店经济的重任。该集团从1975年发展"缫丝厂"起步，逐渐做大了电气电子、医药化工两大产业，然后进军高科技的"磁性材料"产业，但高科技企业解决不了横店"人多地少"的矛盾，横店集团开始向第三产业转型。1995年起开始兴建度假村，发展旅游休闲产业；1996年与知名导演谢晋达成无偿投资兴建"19世纪南粤广州街"影视拍摄基地的合作。基地建成后，影片拍摄带动了大量群众演员的就业，促进了横店的住宿、餐饮、交通等服务业的发展，此举引起媒体400多篇报道，引起政府关注，发展影视基地成为横店的新选择。此后，横店又先后开发出秦王宫、梦幻谷等13个影视拍摄基地。期初因地理位置偏僻，很少有剧组前来"取景"，横店影视基地一直处于亏损状态，最多时亏损达到5000多万元。之后，横店集团转换经营思路，利用影视剧的知名度吸引游客前来参观，大力发展旅游业，并在2000年对影视剧组实施"免场租"政策，吸引剧组前来拍摄，并把向剧组提供道具、服装租赁、酒店和餐饮作为利润增长点。此后，"免场租"政策成为横店在众多影视旅游城竞争中获胜的法宝，赢得了剧组的青睐，带动了旅游业的快速增长。到横店的剧组就从2000年的26个，增加到2004年的72个，旅游人数从2000年的50万

---

① 浙江横店的事实和数据主要来自其官方网站、管委会档案和作者访谈，相关访谈资料来源见附录4。其余包括邵培仁、廖卫民：《横店：国影视文化产业集群发展的一个样本——基于共享性资源观理论的案例分析》，《浙江师范大学学报》（社会科学版）2009年第5期，第20-29页。凡来自以上数据和资料的，将不再一一注明出处。

人次增至2004年的269万人次。2001年横店集团打包旗下资源成立浙江影视旅业有限公司,即浙江横店影视城的前身。大量剧组的到来,逐步带动了影视制作上游产业链(道具、器材、服装、设备、制景)的发展,并开始逐步成型。2003年横店影视城成立演员公会,影视要素进一步聚集。2003年底,全国首家国家级影视产业实验区——浙江横店影视实验区正式获批,并于2004年4月挂牌。

(二)横店影视产业实验区快速发展(2004～2012年)

2004年以来,横店影视产业实验区在各种优惠政策的刺激下得到快速的发展,成为全国影视产量最高、拍摄基地规模最大、影视配套最齐全的影视产业实验区。根据访谈资料介绍,实验区挂牌后,国务院出台相关规定,横店实验区内新开办的影视企业享受三年免税等系列扶持政策;东阳市2010年特设"影视贡献奖",同时实施和完善影视文化产业发展各项奖励办法,加大对影视企业的财政和税收优惠力度;2012年浙江省在横店挂牌省级实验区,并出台支持影视企业上市等相关政策及配套措施;横店影视实验区入区的影视企业由2004年的28家增至2012年的516家,2012年横店实验区影视企业营业收入和税收分别达到78.11亿元和9.64亿元。

(三)横店影视产业实验区发展放缓(2012年至今)

2013年底,横店影视产业实验区成为唯一一个非地级城市获批国家级的"文化与科技融合示范基地"。横店影视产业实验区虽享受到"国家、省级、市级"三重优惠和扶持政策,但也造成了一些管理上的混乱。浙江省和原国家广电总局都在横店建立了管理班子加上横店镇的相关部门,几套班子管理范围相同或相近、职能相似,存在多头管理。2014年,东阳市对此进行合并,实行"两块牌子,一套人马"的政策解决了实验区相关部门职责不清、管理混乱的局面。2014年入驻企业已有586家,艺人工作室137家,占全省影视企业数的2/3,其中有17家核心企业已处于上市、借壳、兼并、资产重组等不同阶段,培育了全国优秀的民营影视企业如华谊兄弟等企业;2013年和2014年实验区影视产业增加值分别为108.9亿元、123.2亿元(不包括旅游收入),上缴税收10.8亿元和13.48亿元。尽管横店影视实验区还处在不断增长的状态,但增长速度较第二个阶段已经大大减缓,主要原因在于全国各地影视基地建设热,包括浙江本省就有好几家影视基地在"招商引资",加上从2003年以来的文化体制改革和影视实验园区优惠政策效应几乎释放殆尽,横店影视实验区失去了强大的发展动力来源,处于缓慢增长阶段。

第二节 三个文化产业集群的治理结构比较

宏观治理结构是文化产业集群中企业、政府、行业协会的权力分布及其制衡关系。在此,必须要先分析这三者或二者(西安曲江不存在集群行业协会)在各自文化产业集群内的角色和地位。

一、三个文化产业集群的主要治理主体的角色、地位

(一) 北京798艺术区的三大治理主体的角色、地位

目前,北京798艺术区管委会仍然是由朝阳区政府的派出机构及其七星集团共同组成,不过,现阶段政府有了专门的人员进驻并且成为管委会的主体,798管委会作为政府的代表,而七星集团则作为拥有管理权的企业之一,加上北京画廊协会798分会,共同构成艺术区的三大主体。

1. 北京798管委会

798管委会作为朝阳区政府派出机构,在艺术区的角色主要是"协调、引导",缺少财权和事权,只有机构运营费,没有支持艺术区的专项经费。管委会成立了由策展人、圈内权威组成的"专家委员会"协助进行艺术区规划、引导当代艺术发展方向(事实上就是艺术品内容审查);统筹协调物业与园区艺术家、画廊、商业机构的矛盾,尽量保留798"当代艺术区"的特色,延缓798的商业化进程;协调艺术区发展与周边区域的关系,整顿园区秩序,管理小商小贩;接待各国政要名人来访;协助举办"798艺术节",积极推广798品牌;传递和落实国家、市级以及区级的相关文化扶持政策;在缺乏专项活动经费的情况下,主动

出击举办青年艺术家展、系列展，积极参加国外的文化展，增加世界对798的认识，提升798当代艺术以及中国的"政治能见度"的影响；帮助入区企业解决注册问题、艺术品通关问题等。

798艺术区中政府的角色是重要的，但又显得相对不足。首先，在艺术区的进入标准上，虽然798艺术区的官方规划是要建成功能齐备的国际艺术展览展示中心，但什么样的艺术形态应该进入，什么样的应该退出，什么样的艺术机构能够续租，最终都是由798物业决定，政府只有建议权和协调权；其次，在对艺术家和艺术机构（画廊）的扶持上没有直接的作用，支持标准仍是"与税收贡献度成正比"，对中型的艺术机构最需解决的减税问题，小型艺术机构或艺术家所需的财政支持或房租减免都无能为力；再次，虽然支持成立了北京画廊协会798分会，但对于协会的地位和作用没有认识清楚，影响到协会功能的发挥；最后，在艺术品意识形态的审查上，还存在审查过"紧"的倾向，一些国外著名的当代艺术家的作品无法通关进入中国大陆展出，影响艺术品的国际交流和交易。

2. 北京798行业协会

2011年，798和北京其他80多家画廊业主联合起来成立了北京画廊协会——中国第一个画廊业民间组织，并在798艺术区设立分会（以下简称协会），参加者以798画廊为主。北京画廊协会作为纯民间自愿成立的行业性、学术性、非营利性组织，在中国必须要有主管单位才能注册，使得协会的性质不那么纯粹，但本质上又是民间性质的协会。协会经费基本由会费支持，日常工作多由798画廊业主兼职担任，因此协会管理非专业化，协会会员发展工作也十分缓慢，直到2014年9月才发布其行业规范和从业人员规范，而对画廊业的竞争秩序发挥促进功能还有待时日。尽管如此，代表画廊业利益、以民间性和自治性为特征的画廊协会还是表现出了勃勃生机：首先代表画廊协会与政府谈判把部分艺术品的进口关税由12%降到6%；举办画廊行业通用技术培训，如运输、储藏技术以及艺术品进出口知识；自2012年以来，北京画廊协会已经连续三年主办"北京画廊周"。鉴于协会或商会的重要作用，798内的其他商户也正在筹建798商户商会，但目前还没有发挥任何作用。

3. 北京798文化企业

798物业或七星集团既作为企业又作为管委会的成员之一，在798艺术区处于举足轻重的地位。对于广大艺术区的艺术画廊及其他商业机构来说，798物业是真正有实际影响力的角色。朝阳区政府每年要向798物业补贴600万~700万元的基建费，其承担的市政、交通和物业服务"质次价高"，园区环境和"国际艺术区"的定位格格不入，艺术机构和商家"苦不敢言"，合同一般"一年一签"，租户不敢进行改造和投资，经营受到很大的影响。这主要因为，798物业掌握了798艺术区的"入场券"，什么样的机构能够进入由物业决定，如有不满，则很难续签。在国外，空间每平方米/天租金超过5元就已经不适合做画廊了。798物业的利润导向不会因政府的介入而改变，只不过采取了差别化的租金政策。798物业目前租金标准是：画廊租金3~6元每平方米/天，商务类是画廊的1.5倍，纯商业的是画廊的2倍，个人工作室酌情处理。目前，798画廊的租金已经逼近经营画廊的国际标准极限，大多数中小画廊已经难以支撑，有的转型做服装，有的只好搬迁到偏僻的地方。从2008年开始由七星集团上级单位中关村电子集团在798设立的798文化投资有限公司负责主办的"798艺术节"，由于其非专业性已经导致艺术节的影响力一年不如一年。

目前，798艺术区艺术品经营机构及商业企业有570家。中小民营艺术空间和画廊企业、艺术家作为艺术区的主体企业，除了参加北京画廊协会798分会的画廊企业能够通过协会发出一些声音，其余企业总体而言对于艺术区整体的发展规划、集体行动等缺乏话语权。

（二）西安曲江新区两大主体的角色和地位

在西安曲江新区文化产业园区中，行业协会的角色是缺席的，因而此处主要分析曲江新区管委会和园区企业的角色和地位。

1. 西安曲江管委会

西安曲江新区管委会是西安市政府的派出机构，在曲江新区文化产业园区发展的各个阶段，曲江新区管委会的地位都是最重要的。曲江新区管委会虽然是事业编制，但实际代表政府在辖区范围内行使市级管理权限。管委会成员既是政府官员又是"曲文投"、"陕文投"的管理者，即扮演着"企业家型政府"的角色。

"曲文投"、"陕文投"分别是管委会的全资和控股集团公司。在园区发展的第一个阶段，"曲江新区管委会+曲文投"等于是曲江新区"行政资源+市场资源"的混合体；在发展的第二个阶段"管委会+陕文投"等于把陕西省的部分文化资源交给曲江管委会进行整合开发和管理。曲江新区管委会坚持两手抓，既抓"文化产业"又抓"文化事业"。在曲江文化产业园区建立了服务于园区企业的比较完善的公共服务硬件设施和软件设施（产业扶持政策平台），并在2006年以后了加大了面向全社会的公益性文化服务设施的建设。

2. 西安曲江文化企业

截至2014年12月，曲江新区文化产业园区中累计入区文化企业3252家。除了几个大型国有企业及其子公司之外，其余都是"变动不居"的中小民营文化企业。曲江新区文化产业园区相比北京798和浙江横店，其企业性质最为复杂，存在不同性质、不同规模、不同地位的文化企业。首先，"曲文投"和"陕文投"及其旗下的子公司（集团）、控股公司（集团），作为管委会的嫡系部队，自成一体，享有国家、陕西省、西安市、曲江区各种发展平台和政策优惠的"优先权"；其次，陕西省省属的国有转制企业或集团在文化园区自成体系，自聚成园，享受转制的国家性政策优惠以及自身主管部门的各种平台资源如陕西广电网络集团、陕西华商集团、陕西广播集团、人民网陕西频道等；最后，还有一类即各种民营的中小微文化企业，既非嫡系也没有靠山，在文化产业园区的发展中缺乏话语权。

(三) 浙江横店影视实验区三大主体的角色和地位

目前，横店影视产业实验区的治理平台由实验区管委会和横店集团共同组成，横店影视产业协会虽已于2012年成立，但浙江横店影视实验区三大主体的角色、地位与前两个文化产业集群却有所不同。

1. 浙江横店管委会

实验区管委会的主要角色是规划、协调、宣传推广和政策引导。具体包括：从2012年起每两年主办一次"横店影视文化节"，宣传推广横店影视实验区的企业、导演、演员、作品和横店实验区品牌；建立影视剧审查中心，简化审查程序，便利影视企业；解决影视文化企业套用工业企业会计核算制度的难题，如就影视企业和其他文化企业面临的共同问题即在生产环节很多项目无法开具增值税抵扣发票,导致企业利润虚高,税负偏重的现象,管委会根据实际情况,设定相应的杠杆给予适当扣除。2009年,管委会与中国银行、建设银行签订战略合作协议,打造"影视通宝"解决园区企业融资难的问题,受到驻园企业的普遍欢迎。管委会心系企业立足服务,为园区发展做了大量工作,诸如影视企业内容立项、上市服务,落实行业主管部门、浙江省、东阳市对实验区的各种奖励和扶持政策等。

2. 浙江横店影视产业协会

2012年成立的横店影视产业协会由于地位模糊,角色不清晰,在横店影视实验区治理中还没有发挥出实质性的作用。一个原因是横店影视产业协会属于政府引导成立的民间组织,缺乏运营经费,也缺乏清晰的运营思路。另一个原因是行业协会的实际管理者是横店集团,行业协会在横店影视实验区中地位的上升和作用发挥势必影响横店集团在实验区的领导地位和"垄断利益",故横店集团并没有积极性来推动协会工作的开展。目前作用还仅限于协助办"节"(横店影视节)和办"会"[中国影视产业发展(横店)论坛],行业自律和组织集体行动方面更是无从谈起。

3. 浙江横店影视企业

横店影视实验区治理平台的另一个重要主体是横店集团。由于横店集团对横店影视实验区的巨大贡献,其实际角色重于实验区管委会。实验区的发展规划和蓝图首先是由横店集团的影视服务中心(隶属于横店集团,是集团配合管委会共同发展实验区、代表集团与管委会对接的集团专职机构)提出,然后再会同管委会讨论,由管委会最后报上级有关部门批准;横店影视服务中心还为入区企业提供代理记账、出报表、税务、年度汇算清缴等服务,减少企业的繁杂事务。横店集团斥巨资建设的全球规模最大的外景拍摄影视基地是横店影视实验区形成的关键。为满足剧组的需要和协调剧组、群众演员的纠纷,横店影视城(横店集团旗下公司)2003年设立演员公会,拥有包括800多名特约演员在内的注册会员12000多名,为剧组提供演员服务每年30多万人次,服务剧组数量累计达1200多个;横店影视城集中运营和管理道具、车辆、器材等配套服务;在人才培养方面,横店集团不仅与北京电影学院、浙江传媒学院联合培养影视人才,开办影视管理专修班,而且在实验区全额投资建设横店影视职业学院。此外,横店集团积极拓展实验区的影视产业链,2004年与中国电影集团、华纳兄弟影业共同投资成立了中影华纳横店影视有限公司——中国历史上首家中外合资的电影娱乐公司;2005年中国影视文学创作中心由横店集团联合中国电影家协会创立;在影视制作、发行和放映方面,成立于2000年的横店影视娱乐有限公司(横店集团旗下公司)已成为国内规模最大的民营影视企业之一,并在全国参股或控股了多条电影院线,先后在长沙、郑州、南京等大城市投资建设超百家影城。浙江横店电影院线从2009年开始运作,目前已名列全国院线前10强。2008年,横店影视娱乐集团独资设立横店影视制作有限公司。最后,横店集团与实验区管委会等联合主办横店影视节,设立奖励新人、新作的"文荣奖"等。

2014年底,浙江横店入区企业包括中国影视界优秀的民营企业如光线传媒、华谊兄弟等586家,其中道具、服装、器材租赁企业200多家。园区内一半以上都是为剧组提供配套服务的辅助企业,长年驻扎在横店影视实验区,每年活跃在横店的影视拍摄企业有50~60家,大部分企业总部都设在全国的一线或二线城市。真正扎根在横店的是横店集团,经营范围包括影视基地、制作(前期制作、制作、后期制作)、发行和放映等垂直一体化业务。横店集团在横店影视实验区也是双重身份,既作为管理者又作为影视企业,拥有较大的话语权,与北京798物业不同的是,横店集团旗下影视公司是行业的领导者,对实验区内的企业起着协调和促进的作用。此外,华谊兄弟等少数"利税大户"在园区也有相当的话语权。其余中小影视企业以及配套企业则很难发出"声音"。

二、三个文化产业集群的宏观治理结构的比较

三个文化产业集群的企业、行业协会和政府的角色、地位如表4-1所示。

表4-1 三个集群宏观治理结构对比

	企业的角色和地位	协会的角色和地位	政府的角色和地位
北京798	市场主体,部分文化企业有一点话语权,非文化企业(798物业)有一定显在的话语权	协调、组织集体行动,有一定的影响力	协调、监管、提供硬件基础设施,有充分话语权但实施了部分话语权

第四章 三个国内文化产业集群的治理结构比较

续表

	企业的角色和地位	协会的角色和地位	政府的角色和地位
西安曲江	"市场主体+事业主体",管委会直属大型文化企业有一定的话语权	尚未存在	提供公共服务(硬件和软件)和监管,而且直接参与到市场经营中,主导集群话语权
浙江横店	市场主体,民营领导型文化企业有较大的主导话语权	存在,但尚未产生影响	主要提供政策、规划及软性监管,让渡部分话语权

根据表4-1关于上述三个文化产业集群的企业、行业协会、政府等角色、地位的分析可知,在北京798艺术区,政府、协会、企业三者已经形成了三足鼎立之势,但仍有很大的缺陷。政府主要角色是艺术品内容审查,在艺术区的准入和发展规划上有充分的发言权但只实施了部分话语权,如没有很好地处理798物业垄断经营和艺术企业之间的矛盾,以及对艺术品审查过严,反映出其"失位"、"错位"等问题;协会的组织、协调角色适当,有一定的影响力,但目前因会员数量较少且流动性大,影响力有限;北京798艺术区的艺术企业的角色是作为市场主体,通过参与协会能够发出一些声音,但是非文化企业(798物业)在798有一定显的话语权,不利于集群整体的发展。

在西安曲江,政府、企业之间明显失衡。政府作为"企业家+政府"的角色承担着多重使命,在曲江文化产业园区占据主导话语权,一定程度上弱化了市场竞争的"公平性",反映出其"越位"、"错位"问题;行业协会"缺位",一方面是因为西安民营文化企业不够发达,另一方面是政府不愿放权导致无法协调政企的失衡关系,中小微企业的诉求得不到保障,政府则可能因缺乏行业、企业信息不能制定出更为科学实用的政策;西安曲江文化企业数量虽多,但主体是曲江新区管委会的直属企业"曲文投"和"陕文投",它们既是市场主体,又是"事业主体",既有追求利润的动力,又有提供公共产品的责任,虽有一定的集群发展"话语权",但在管委会的"指挥棒"下,角色混乱,缺乏市场经营主体的自治性。

在浙江横店,政府、协会、企业三者权力关系也不平衡。政府在横店影视实验区基本处于服务者和监督者角色,对领导型企业让渡了部分话语权,但在公平的竞争秩序维护上还做得不够；行业协会的角色还不清晰，没有产生相应的影响力，协会"失位"，对集群未来发展中需要的集体行动的组织和政企关系的协调不利；横店影视企业中的领导型企业横店集团，既是企业又拥有一定的园区管理权，在经营上存在部分垄断经营，排斥中小竞争者的现象。

总之，三个文化产业集群的政企关系都存在失衡的地方，共性的原因在于缺少有效的中间层（集群行业协会）的制衡作用。本该由行业协会发挥作用的领域如行业规范、内容审查，都由政府代理包办了，而且有的集群其政府还直接参与市场竞争，对民营企业的行业发展的空间造成了比较严重的挤压。

三、三个文化产业集群的微观治理结构的比较

在三个文化产业集群中企业之间的权力分布及关系如表4-2所示。

表4-2 三个集群微观治理结构对比

	微观治理结构	结构特征
北京798	马歇尔式或意大利式	中小企业平等竞争和合作
西安曲江	"中心外围式+马歇尔式"	几个领导型企业及其关联企业之间的分工合作和大量的中小微企业之间的竞争与合作关系并存
浙江横店	轴辐式	几个领导型企业在本地和外地都有广泛的分工合作关系，并不完全扎根于本地

在北京798，近200家的画廊和艺术机构多数是以个体的方式注册，人员规模小于10人的占大多数，没有十分突出的领导型企业在园区协调产业价值链的分工和合作，企业之间是一种相对平等的关系，而且因为艺术家的大量流失，目前企业之间以跨行业合作和同行业水平合作为主。在西安曲江，存在比较复杂的企业间权力关系。首先是曲江新区管委会直属和控股的"曲文投"、"陕文投"各自引领了以其子公司为主的分工合作网络形成"中心外围式"治理结构，而大量的中小民营企业则自成一体，形成松散的"马歇尔式"治理结构。浙江横店则是以大型民营文化集团如横店集团为代表的领导型企业在横店影视实验区建立了中期制作（拍摄）、后期制作的分工合作网络关系，而且在全国各地建立包括前期制

作、后期制作、发行和放映等环节的合作网络，决策重心在本地，但业务并不完全根植于本地。总体而言，西安曲江和浙江横店的企业网络层级特征更明显。

第三节　三个文化产业集群不同治理结构类型与治理机制特征

根据三个文化产业集群的宏观和微观权力分布，以及以权力中心作为总体治理结构的划分依据，将北京798、西安曲江、浙江横店的治理结构划分为三种类型，其对应的治理机制特征如表4-3所示。

表4-3　三个集群的治理结构及其机制特征

	治理结构	治理机制特征
北京798	共享参与型	政府机制、网络治理机制、协会机制、非营利组织机制共同起作用
西安曲江	政府主导型	以政府机制为主，领导型企业机制
浙江横店	领导企业主导型	以领导型企业机制为主，政府机制、网络治理机制起辅助作用

从表4-3可知，不同的治理结构呈现出不同的治理机制特征，如北京798艺术区是在艺术家的信任、抱团等网络治理机制作用下展开集体行动（举办艺术节），引起社会关注，终究在政府机制作用下所形成，又因政府机制迟迟没能在园区治理中发挥重要作用，导致协会机制应运而生，协调政企关系、加强行业自律，形成了目前的"共享参与型"治理结构。而西安曲江新区文化产业园是在政府机制的强力作用下逐步形成的，领导型企业机制作为其辅助力量，以协调集群企业之间的关系，最终形成的是"政府主导型"治理结构。浙江横店影视实验园是在横店集团领导型企业机制充分发挥作用的条件下形成的，政府机制作为保证，加上网络机制的作用，形成了目前的"领导企业主导型"的治理结构。

第四节 本章总结

三个文化产业集群的发展历程实际上反映的是不同类型的治理机制的作用过程，在此过程中，集群治理主体之间频繁互动，形成了各具特色的治理结构：共享参与型、政府主导型、领导企业主导型。每一种治理结构的形成都有其特定的历史背景和原因，但共同的问题在于集群宏观治理结构还很不合理，存在集群权力分布不均衡，缺乏监督和制衡，权责不对等等问题。三大主体（政府、协会、企业）角色之间的越位、缺位、错位、失位等问题不同程度出现。

在北京798艺术区治理结构中，政府存在"缺位"和"错位"问题。政府虽然介入了798的治理，但并没有实质性的有效措施来保证798艺术区的定位，保护弱势的艺术家群体首创精神，维护艺术区的生态群落，延缓商业对艺术的侵袭；法律法规机制不健全，且对艺术品市场的规范不力导致"市场乱象"；加上对物业企业的垄断经营缺少必要的干预，甚至是听之任之，以及对行业发展的过多干预（审查）等，从而造成艺术区的衰退或艺术主体的变迁。

在西安曲江新区的治理结构中，政府的"越位"最典型。西安曲江新区管委会，官商基本一体，既当"裁判员"，又是"运动员"，不利于营造公平竞争的市场秩序。如政府对国有骨干文化企业过度保护，为具有更好发展条件的国有企业提供减免税费和享受财政激励政策，直接参与市场经营，已经越位；而大量进驻的民营小微企业势单力薄很难享受本来应当享有的激励优惠，从公平竞争的立场看，又是政府的一种缺位。政府权势过强，也导致行业管理的"缺位"问题，行业管理的主角本来是集群协会，但政府不愿放权，民营企业业态复杂、分散，力量薄弱，协会缺乏集群网络资源的支撑，也就失去了存在的必要条件。国有文化企业经营的"错位"问题严重，如"曲文投"和"陕文投"的企业、事业双重身份，可以左右逢源进行机会主义商业活动，因此不利于入园企业之间展开公平竞争和战略合作。

横店影视实验区治理结构中最大的问题是行业协会的"失位"问题和领导型企业的"错位"问题。大型企业横店集团"一家独大"，作为集群的主要参与者，却几乎是集群规则的唯一制定者，这就容易造成竞争与合作的不公平，不利于集群的健康发展；由于地方企业过于强大，地方政府又全力支持，必然导致行业协会的"失位"，也会导致地方政府在协调园区竞争秩序方面出现"缺位"。

从三个文化产业集群治理结构的形成和发展历程来看，集群治理机制是根本的作用力，但反过来，治理结构的调整也有助于治理机制的完善和"正效应"的发挥。治理机制作用的发挥离不开治理结构的合理安排。三个集群治理机制与治理结构的不同安排或结合，将导致不同的集群行为和治理绩效。

第五章 三个国内文化产业集群治理机制、结构、行为对治理绩效影响的比较[①]

根据第二章文化产业集群治理理论框架,文化产业集群治理机制和治理结构共同作用于集群行为,在抑制如机会主义、"搭便车"等负面行为的同时增加双边或多边合作行为,尤其是增加集体行动的效率(指集体行动的数量和作用强度),从而最终影响文化产业集群的集体效率或治理绩效。

本章将首先通过调查表测试文化产业集群治理机制对治理绩效的影响的专家观点,进而判断集群治理机制的重要性;其次,根据第三章、第四章三个文化产业集群治理机制、治理结构的案例研究结果对集体行动效率的影响做比较分析;再次,根据专家打分判断集体行动项目对治理绩效的重要性以及集体行动效率影响因素的比较;最后,对三个集群的实际发生的集体行动实践、双边合作情况进行比较。

需要说明的是,本来案例研究原先设计是请专家给集体行动效率进行打分的,但实际中打分专家反映集群集体行动很少开展,打分不切实际,所以,专家只就集体行动对治理绩效的重要性进行了评分。

[①] 本章关于治理机制对治理绩效的影响和重要性的调查表,以及集体行动项目对治理绩效的影响和集体行动效率变量重要性的调查表主要参考 Langen, Peter W. De. "The Performance of Seaport Clusters: A Framework to Analyze Cluster Performance and an Application to the Seaport Clusters in Durban, Rotterdam and the Lower Mississippi", *Erasmus University Rotterdam*, 2003, pp. 237-239,具体的调查表请见附录2、附录3。访谈资料来源见附录4。

第五章 三个国内文化产业集群治理机制、结构、行为对治理绩效影响的比较

第一节 文化产业集群治理机制对治理绩效的影响及重要性的专家观点测试

治理机制对治理绩效的影响，从理论上已经进行了说明，但真正参与集群治理的实践方面的专家的意见或观点可能更有说服力。

一、文化产业集群治理与治理绩效的关系

表5-1 治理与治理绩效的专家观点对比

命题	总体			北京798		西安曲江		浙江横店	
	A	D	NO	A	D	A	D	A	D
不同的治理对文化产业集群的绩效有不同影响	44	1	4	18	0	17	1	9	0
文化产业集群治理绩效是来自市场力量和全国性（国际性）政策作用的结果，对当地治理没有太大的影响	7	35	7	4	12	0	15	3	8

注：其中A表示同意，D表示不同意，NO表示无观点，以下几张表格皆同。

文化产业集群的绩效除了受治理因素的影响，还取决于很多其他因素，如地方经济发展水平、市场需求、集群企业数量、集群行业特性等。在测试不同的治理对文化产业集群的绩效有不同影响时，89.8%的业界专家给予了支持，仅有1人表示反对，4人无观点，因此，治理对于整体文化产业集群的重要性得到了绝大多数专家的认可。在问及文化产业集群治理绩效中当地治理的作用时，71.4%的专家认为当地治理（地方政府、地方协会治理）很重要。

中国文化产业集群治理：基于典型案例的实证研究

二、文化产业集群中各种治理机制对治理绩效的影响

在考察各种机制对治理绩效影响的专家观点测试中，对网络治理机制只选取了最基本的信任机制进行测试。

（一）信任机制

表5-2 信任机制的专家观点对比

命题	总体			北京798		西安曲江		浙江横店	
	A	D	NO	A	D	A	D	A	D
信任机制的存在，有助于提高文化产业集群的治理绩效，因为可以降低交易成本，促进合作和集体行动	41	1	7	16	1	16	0	9	0

在所有专家中，83.7%的专家认为信任机制能够降低交易成本，促进合作和集体行动，促进集群的治理绩效。北京798有一人表示反对。北京798一位被访谈者就明确表示"我从来都不认为企业之间存在信任"。

（二）协会机制

表5-3 协会机制的专家观点对比

命题	总体			北京798		西安曲江		浙江横店	
	A	D	NO	A	D	A	D	A	D
协会自治机制的存在，有助于提高文化产业集群的治理绩效，因为可以降低交易成本，促进合作与集体行动	40	0	9	18	0	13	0	9	0

在协会机制降低文化产业集群内的交易成本，促进合作及集体行动，提高集群治理绩效的命题上，81.6%的专家表示同意，无一人反对，但也有人拒绝发表观点。

第五章 三个国内文化产业集群治理机制、结构、行为对治理绩效影响的比较

(三) 领导型企业机制

表 5-4 领导型企业机制的专家观点对比

命 题	总体			北京798		西安曲江		浙江横店	
	A	D	NO	A	D	A	D	A	D
根植性(扎根本地)的领导型企业机制的存在,可以降低交易成本,促进合作与集体行动以提高文化产业集群的治理绩效	33	5	11	12	3	14	2	7	0

在根植性的领导型企业机制的存在,可以降低交易成本,促进合作与集体行动,提高集群治理绩效命题上,专家观点出现较大分歧:67.3%的专家同意,大大低于其他机制对治理绩效影响的同意比例;10.2%的专家表示不同意;22.5%的专家无观点。表示不同意的专家在北京798最多,主要是由于北京798文化产业集群内的较大规模的企业或机构主要都是国际型企业或机构,如美国的"佩斯"、丹麦的"林冠"等。西安也有专家表示不同意,跟西安的国际化程度较高也有关系。浙江横店无人反对,主要因为地处偏僻,国际化企业相对较少,而当地根植性领导型企业作用较大。

(四) 政府机制

表 5-5 政府机制的专家观点对比

命 题	总体			北京798		西安曲江		浙江横店	
	A	D	NO	A	D	A	D	A	D
各级政府的法律、法规和政策可以规范竞争、保护版权、降低交易成本和促进合作,提高文化产业集群治理绩效	43	1	5	19	0	15	1	9	0

在各级政府法规、政策是否有助于提高文化产业集群治理绩效的命题上,87.8%的专家表示同意,仅西安曲江一位专家表示反对。值得注意的是,在三个

文化产业集群中,西安曲江的政府机制作用最强,但却出现了反对意见,说明政府强力介入市场运营,已经引起企业的反感。并且在访谈中,有被访者表示"政府的承诺没有兑现"以及"民营小企业遭受的种种不公正待遇"。但87.8%的专家同意率在所有命题中是最高的,某种程度上反映了政府机制的作用已经得到了业界的较高认同。

(五)非营利组织机制

表5-6 非营利组织机制的专家观点对比

命题	总体			北京798		西安曲江		浙江横店	
	A	D	NO	A	D	A	D	A	D
非营利组织机制的存在,可以促进文化产业集群内企业间的合作,降低交易成本,提高治理绩效	38	3	8	17	0	15	0	6	3

在非营利组织机制是否有助于提高文化产业集群治理绩效的命题上,77.6%的专家表示同意,表明绝大多数专家是认识到非营利组织对集群治理绩效的积极作用的。但浙江横店有3位专家表示不同意,3位专家无观点,西安曲江和北京798没有专家明确表示不同意,基本上反映了非营利组织机制在不同文化产业集群的影响和作用,即因文化产业类别商业化属性不同,非营利组织在浙江横店影视产业集群中的作用要远小于在北京798和西安曲江中的作用。

三、不同治理机制对提高文化产业集群治理绩效的重要性比较

总体而言,在五大治理机制中,专家认为政府机制对提高治理绩效最为重要,其次是信任机制、领导型企业机制,最后是行业协会机制、非营利组织机制。对北京798而言,信任机制和政府机制同等重要,其次是行业协会机制;对西安曲江而言,政府机制比信任机制要重要一点,然后才是领导型企业机制;在浙江横店,政府机制也是最重要的,其次是领导型企业机制,最后是协会机制和信任机制。具体见表5-7。

表 5-7　五种机制对不同集群治理绩效的重要性比较

	总体	北京 798	西安曲江	浙江横店
	重要性	重要性	重要性	重要性
政府机制	4.6	4.7	4.5	4.6
信任机制	4.3	4.7	4.4	3.9
领导型企业机制	4.1	4.0	4.2	4.0
行业协会机制	4.0	4.3	3.7	3.9
非营利组织机制	3.3	4	3.2	2.7

注：重要性指的是平均重要性，采取打分制，从 1（最不重要）到 5（最重要）。

同样，由于文化产业的门类不同，非营利组织机制对集群治理绩效的重要性也有很大的不同。对北京 798 以画廊为主的营利性较弱的文化产业类别来说，非营利组织机制的重要性要比其他两个集群高得多；对西安曲江九大门类中许多营利性弱的产业如演艺、出版、艺术品等产业来说，非营利组织机制对其治理绩效的重要性显然也要比对浙江横店营利性较强的影视行业要大。

第二节　三个文化产业集群治理机制、治理结构对集体行动效率的影响

专家观点虽然考察了治理机制对治理绩效的影响，但是治理机制并不是直接对治理绩效产生作用的，所以还必须要分析治理机制、治理结构二者对集体行动效率产生的影响。根据第四章和第五章的案例研究结果分别进行分析和比较。

一、三个文化产业集群治理机制对集体行动效率的影响

根据第四章三个集群的治理机制比较可以看出，在不同文化产业集群中实际上起作用的是不同的治理机制组合，如果把作用程度处于"弱"的治理机制剔除，下面就是各个集群起作用的治理机制组合：

表5-8 三个文化产业集群中起作用的机制组合对比

	北京798	西安曲江	浙江横店
网络治理机制	中弱	弱中	中弱
领导型企业机制		中弱	中强
协会机制	弱中		
政府机制	中弱	中强	中弱
非营利组织机制	弱中		

从表5-8可以看出,在北京798实际对集群行为起协调作用的是网络治理机制、协会机制、政府机制和非营利组织机制,但这四种机制都处于比较弱势的地位;在西安曲江,实际起治理作用的是网络治理机制、领导型企业和政府机制,其中,除政府机制外,其他两个机制作用力较弱;在浙江横店起协调作用的是领导型企业机制、政府机制和网络治理机制,除领导型机制外,其余两个机制作用力也不强。

相对而言,在协调企业间矛盾,抑制负面行为,促进合作以及集体行动方面,浙江横店的优势较强,机制比较健全,作用程度较强;北京798也具有特定的优势,因为它具备了组织集体行动的特殊组织——集群协会,在处理行业共同面临的问题或集群集体行动方面有良好的组织优势,而且它的治理类型最多,可惜作用程度还比较低;西安曲江新区的政府的政策激励作用强度最高,但具有不可持续性,且对不同性质企业(国有、民营)的作用是明显不同的,不利于集群集体行动的开展。

总体而言,由于三个文化产业集群中治理机制的组合总体作用强度都比较弱,对集体行动效率的影响而言,效果都不太理想。

二、三个文化产业集群治理结构对集体行动效率的影响

三个文化产业集群的宏观治理结构、微观治理结构和总体治理结构的状态如表5-9所示。

表 5-9 三个集群治理结构的相应

	宏观治理结构（政府、协会、企业三者之间）	微观治理结构（企业之间）	治理结构（根据权力中心划分）
北京 798	不够均衡	马歇尔式或意大利式	共享参与型
西安曲江	极不均衡	"中心—外围式+马歇尔式"	政府主导型
浙江横店	不够均衡	轴辐式	领导企业主导型

从宏观治理结构的角度来看，北京 798、浙江横店的宏观治理结构比较合理一些，权力分布比较均衡，有利于抑制政府机会主义或企业的机会主义行为，尤其是北京 798 由协会组织集群集体行动，企业参与度、民主性较高，集体行动效率可能比较高；从微观治理结构来说，西安曲江和浙江横店企业之间权力关系比较集中，有利于提高集体决策效率，但集体行动的参与者较少，民主化程度不够，集体行动的效率不一定高；从总体治理结构而言，共享参与型和政府主导型一般是产业集群的初期治理结构状态，领导企业主导型是进入成长期的集群治理结构状态，从这个层面来讲，浙江横店的治理结构相对合理一些，因为，领导型企业作为市场的主体是集群发展最核心的动力机制，而领导型企业最有动机开展集体行动。

但综合而言，三个文化产业集群的治理结构都不够合理，因而对集体行动效率的影响也都不会理想。

第三节 集体行动及其影响因素的重要性

集体行动效率是影响集体治理绩效的非常关键的因素，那么针对不同的集群而言，什么样的集体行动项目是最重要的，而且集体行动的影响因素是什么，其重要性如何？下文将根据专家提供的打分结果来进行相应的比较和说明。

一、各个项目与集体行动问题的相关性和对治理绩效的重要性

创新、人才培养（教育和培训）、营销、融资和国际化（开拓海外市场）等

集体行动项目是文化产业集群发展要重点解决的关键问题，也是集体行动的目标，根据专家对这些项目是否存在"搭便车"或机会主义等问题进行判断，以及对提高文化产业集群治理绩效重要性的打分结果进行比较。

(一) 相关性

表5-10 集体行动项目与集体行动问题的相关性比较

	总体		北京798		西安曲江		浙江横店	
	是	否	是	否	是	否	是	否
创新	40	9	11	8	18	0	11	1
人才培养	42	7	14	5	16	2	12	0
营销	43	6	16	3	16	2	11	1
融资	32	17	7	12	15	3	10	2
国际化	38	11	12	7	15	3	11	1

在五个集体行动项目中，总体上，超过80%的专家认为创新、人才培养、营销中存在"搭便车"或机会主义行为，77.6%的专家认为国际化项目中存在这些问题，只有65.3%的专家认为融资中存在"搭便车"或机会主义行为。北京798的专家在融资项目上同意存在集体行动问题的只占36.8%，与其他两个集群形成了鲜明的对比。主要原因是北京798的当代艺术画廊经营者所面对的市场是小众市场，无法大规模经营；艺术品的个性化品位极强，不同合作者有不同的理念，难以统一，一般以个体经营为主；再加上艺术品市场经营风险巨大，很难集体融资，所以集体融资可能性较小，因而集体行动问题就要小些。

(二) 集体行动项目对提高集群治理绩效的重要性

表5-11 各项目对治理绩效的重要性对比

项目	总体重要性	北京798	西安曲江	浙江横店
创新	4.4	4.4	4.6	4.3
人才培养	4.1	4.3	4.2	3.7
营销	3.9	4.2	4.4	3.1

续表

项目	总体重要性	北京798	西安曲江	浙江横店
融资	3.5	3.6	3.9	3.0
国际化	3.7	4.0	3.7	3.5

注：每一项打分都是从1分（最不重要）到5分（最重要），总体重要性指的是平均重要性。以下皆同。

集体行动项目对文化产业集群治理绩效的总体重要性排名分别是创新、人才培养、营销、国际化和融资。对北京798和西安曲江两个集群而言，创新、营销、人才培养等集体行动项目对治理绩效最重要；浙江横店除认为创新项目对集群绩效影响比较重要外，其他项目的重要性相对不大。国际化项目对北京798治理绩效的重要性超过其他两个文化产业集群。

二、各变量对集体行动效率的重要性

根据第三章集体行动效率的影响因素分析，本书采用的是Langen（2004）的框架用"信息沟通"替代"团体讨论"，用"监督"替代"个体声音"，选取了领导型企业、行业协会、政府、非营利组织、信息沟通和监督六个变量，通过专家打分的方式，判断各变量对集体行动效率影响的重要性。

（一）各变量对总体集体行动效率的重要性

表5-12 各变量对集体行动效率的重要性对比

	总体重要性	北京798	西安曲江	浙江横店
政府	4.4	4.3	4.4	4.6
领导型企业	4.1	4.2	3.9	4.2
行业协会	3.7	4.0	3.9	3.3
非营利组织	3.3	4.0	3.2	2.7
信息沟通	3.7	3.8	3.6	3.8
监督	3.3	3.2	2.8	3.9

从总体重要性来看，政府、领导型企业机制最重要，行业协会和信息沟通次之，监督和非营利组织最不重要。行业协会、非营利组织对北京798的集体行动效率影响的重要性比其他两个集群大；监督、政府机制对浙江横店集体行动效率影响的重要性比其他两个集群要大；领导型企业机制对北京798和浙江横店的集体行动效率影响的重要性相同，均略大于西安曲江。在西安曲江，除政府机制对集体行动效率影响的重要性较大外，其余变量重要性都较小。

（二）各变量对创新项目效率的重要性

表5-13　各变量对创新效率的重要性对比

	总体重要性	北京798	西安曲江	浙江横店
政府	4.4	4.0	4.4	4.7
领导型企业	4.2	4.1	4.1	4.3
行业协会	3.7	3.7	4.1	3.3
非营利组织	3.6	4.2	3.2	3.3
信息沟通	3.9	4.1	3.7	3.9
监督	3.4	3.5	3.0	3.8

在创新集体行动项目上，总体而言，政府机制、领导型企业机制更重要，其次是信息沟通和行业协会机制。对浙江横店而言，政府机制、领导型企业机制对创新集体行动效率的重要性比其他两个集群大；对北京798而言，非营利组织和信息沟通对创新效率的重要性较其他两个集群大；对西安曲江而言，行业协会对创新集体行动效率的重要性比其他两个集群大。

（三）各变量对人才培养项目效率的重要性

表5-14　各变量对人才培养效率的重要性对比

	总体重要性	北京798	西安曲江	浙江横店
政府	4.1	3.8	3.8	4.6
领导型企业	4.0	4.3	4.0	3.8

第五章　三个国内文化产业集群治理机制、结构、行为对治理绩效影响的比较

续表

	总体重要性	北京798	西安曲江	浙江横店
行业协会	3.7	3.9	3.7	3.4
非营利组织	3.3	4.0	2.9	3.0
信息沟通	3.8	3.8	3.6	3.9
监督	3.2	2.9	2.7	3.9

在人才培养项目上，总体重要性排名前三的是政府、领导型企业、信息沟通。行业协会、非营利组织对北京798人才培养集体行动效率的重要性比其他两个集群高；政府、信息沟通和监督对浙江横店人才培养集体行动效率的重要性比其他两个集群高；在西安曲江新区只有领导型企业、政府对其人才培养集体行动效率更重要。

（四）各变量对营销项目效率的重要性

表5-15　各变量对营销效率的重要性对比

	总体重要性	北京798	西安曲江	浙江横店
政府	4.2	4.0	3.7	4.8
领导型企业	4.2	4.2	3.9	4.3
行业协会	3.8	4.2	3.7	3.6
非营利组织	3.3	3.8	2.9	3.0
信息沟通	3.8	3.8	3.4	4.3
监督	3.2	2.7	2.7	4.3

在营销集体行动项目总体重要性方面，首先是政府和领导型企业（同等重要），其次是协会和信息沟通（同等重要）。协会和非营利组织对北京798营销集体行动效率重要性比其他两个集群高；政府、领导型企业、信息沟通、监督等变量对浙江横店营销集体行动效率的重要性比其他两个集群高；对西安曲江而言，领导型企业比其他变量对营销集体行动效率要重要。

(五) 各变量对融资项目效率的重要性

表5-16 各变量对融资效率的重要性对比

	总体重要性	北京798	西安曲江	浙江横店
政府	4.0	3.7	4.1	4.2
领导型企业	3.6	3.6	3.6	3.8
行业协会	3.3	3.7	3.3	2.8
非营利组织	3.4	3.4	2.8	3.9
信息沟通	3.3	3.2	3.1	3.6
监督	3.0	2.6	2.8	3.5

在融资集体行动项目总体重要性上，政府、领导型企业对其效率影响的重要性最大。行业协会对北京798融资项目效率重要性比其他两个集群大；政府、非营利组织、领导型企业、信息沟通和监督对浙江横店融资项目效率重要性比其他两个集群大；政府和领导型企业对西安曲江融资项目效率重要性较其他因素重要。

(六) 各变量对国际化项目效率的重要性

表5-17 各变量对国际化效率的重要性对比

	总体重要性	北京798	西安曲江	浙江横店
政府	4.2	4.1	4.2	4.4
领导型企业	4.0	4.3	4.2	3.7
行业协会	3.9	4.1	3.9	3.6
非营利组织	3.3	3.9	2.9	3.2
信息沟通	3.5	3.5	3.1	4.0
监督	3.3	3.2	2.4	4.3

在国际化项目上，各变量对国际化集体行动效率的总体重要性依然是政府、领导型企业最重要，协会次之。领导型企业、行业协会、非营利组织对北京798国际化效率的重要性比其他两个集群要大；政府、信息沟通、监督变量对浙江横

第五章 三个国内文化产业集群治理机制、结构、行为对治理绩效影响的比较

店国际化项目的重要性比其他两个集群大;政府、领导型企业对西安曲江自身国际化的重要性比其他变量大。

(七) 各变量对集体行动效率重要性的综合比较

首先从对总体集体行动效率而言以及对各具体集体行动项目而言的总体重要性来说都是政府、领导型企业最重要,行业协会和信息沟通次之,非营利组织和监督最不重要。尽管各变量在对具体集体行动项目效率重要性上,不同的项目有不同的重要性,但还是呈现出一定的规律性。如行业协会、非营利组织对北京798的重要性超过其他两个集群;政府、监督、信息沟通、领导型企业对浙江横店的重要性比其他集群大;相对于北京798和浙江横店,各变量对西安曲江的集体行动效率重要性没那么明显。不过,对西安曲江自身而言,政府和领导型企业比其他变量更重要。如表5-18所示。

表5-18 各变量对集体行动效率重要性的综合比较

	总体	北京798	西安曲江	浙江横店
政府	①		⊙	√
领导型企业	②		⊙	√
行业协会	③	√		
非营利组织	④	√		
信息沟通	③			√
监督	⑤			√

注:在总体重要性上,用①②③等表示重要性的大小;用√表示变量重要性对某集群的重要性超过其他两个集群;用⊙表示对某集群自身而言最重要的变量。

表5-18既说明了目前各变量对总体及各集群集体行动项目效率的重要性大小及差异,事实上,也反映了集群中各种治理机制目前的作用状态。总体而言,政府机制的重要性居首,领导型企业机制次之,行业协会和信息沟通并列第三;从各个集群的实际来看,在北京798,行业协会、非营利组织机制的重要性和实际作用超过其他两个集群;而领导型企业机制和政府机制对浙江横店集体行动效率的重要性超过其他两个集群,而且其实际作用也很强;西安曲江的政府机制和领导型企业机制虽然对其自身很重要但强度没有浙江横店的大,实际上其作用的

强度也可能要弱一些。在浙江横店，监督和信息沟通对集体行动效率的影响更重要，可能反映了中小影视拍摄辅助企业对领导性企业横店集团"一支独大"的不满和对信息共享、民主参与的渴求。

第四节　三个文化产业集群的集体行动实践与双边合作比较

上文从三个文化产业集群治理机制、治理结构对集体行动效率的影响进行了探讨，接着又从专家打分角度考察了集体行动项目对治理绩效的影响，以及影响集体行动效率因素的重要性等，下面将从各个集群实际发生的集体行动与双边合作状况来说明集群治理机制、治理结构共同作用的结果即集体行动效率的实际表现。

一、三个文化产业集群的集体行动实践比较

（一）北京 798 的集体行动实践

1. 北京画廊协会的成立

2011 年 9 月，为增强艺术品经营行业自律，沟通政企关系，调节北京市艺术品市场竞争秩序，促进行业的健康发展，北京画廊协会应运而生，并在 798 艺术区设立了分会。北京画廊协会的成立过程本身也是北京 798 画廊企业和社会各界共同努力、集体行动的结果。画廊协会是由 80 多家北京市的画廊企业和艺术品经营机构（以 798 画廊为主体）自愿并依法设立的以引领艺术品研究、推进行业自律和服务为宗旨的非营利组织。其成立的过程大致如下：

因为画廊协会成立条件需要有主管单位，于是首先由北京 798 的画廊企业向 798 管委会反映成立画廊协会的意愿，798 管委会表示支持并与北京市文化局沟通，正好北京市文化局也希望有一个与画廊企业沟通的平台，同意并批准了画廊协会的申请。之后，由文化局发起，"艺术北京"当代艺术博览会的总监董梦阳组织，召集了北京市内有影响力的画廊主（以北京 798 为主）前后召开了 5~6 次

准备会议，确定组织领导成员后向北京市民政局提出了正式申请。最后在民政局指导下召开了第一次北京画廊协会成立大会，到会成员73家。会上通过了北京画廊协会章程、会长（北京798程昕东国际艺术中心的董事长任第一届会长）、副会长、监事长、监事、理事成员的选举。

2. 举办"北京画廊周"活动

由北京画廊协会主办，北京市文化局支持，北京艾特菲尔文化有限公司、雅昌艺术网、艺典中国等联合承办的北京画廊周，自2012年起已经连续举办了三届。雅昌艺术网在第一届、第二届的"北京画廊周"活动举办过程中与画廊协会有过深度的合作。准备工作在活动举办前3个月就开始沟通，平均1~2个星期开一次会员协商会。北京画廊周的主旨是"走近艺术，走进画廊"，鼓励社会公众走进画廊，提高艺术修养，从而达到艺术宣传推广和涵养艺术市场的目的。在北京画廊周期间举办系列活动包括：画廊展览、画廊系列论坛、画廊故事讲堂、艺术公益活动、文艺演出、画廊经营者派对活动、画廊周直通车、在线展览等共襄盛举。参加北京画廊周活动的艺术区包括如北京798艺术区、宋庄艺术区、22院街等，分布较广，便于公众就近参观和欣赏。

3. 关于艺术品进口关税减免的游说活动

长期以来，由于艺术品在我国被列为奢侈品，因此，艺术品进口时需申报缴纳进口关税12%和进口环节增值税17%，征收关税比例相对较高。由于较高的艺术品进口关税不利于中国艺术品市场的国际化以及北京在世界艺术品市场的地位。鉴于此，北京画廊协会代表画廊主向政府相关部门反映艺术品进口关税过高的问题，然后财政局展开了相关调研活动，画廊企业填写了调查表并积极反映了很多问题。最后，文化局、财政局、文物局共同召开了一个由十几位有影响力的画廊企业负责人和各大拍卖公司的负责人组成的座谈会。经过一系列的沟通和讨论之后，国务院关税税则委员会制定了近年来艺术品进口关税调整最大的相关政策，规定从2012年开始实施粉画、油画及其他几个类别的艺术品进口关税税率降为6%，进口增值税保持17%的税率不变。2014年9月中旬，在北京市文化局关于行业税收的调研活动中北京画廊协会又做了一份《关于降低艺术品进口税促进艺术品进口额增长的情况简介》的报告，向政府继续反映关于艺术品进口的综合关税偏高等需要政府解决的实际问题。

4. 北京画廊协会组织的其他集体行动

协会代表会员单位与政府沟通、组织成员画廊企业在运输、税收、保管等业务上的行业培训活动，协商和制定行业自律章程，以及带领成员与韩国、日本、台湾等画廊协会开展文化交流活动。

5. 798艺术节

一年一度的798艺术节，在2006年前完全由艺术家主导，2007年后被七星集团和798文化创意产业投资股份有限公司逐渐接管并主导，并在798艺术区管委会支持下举办。2003~2006年由艺术家主导的798艺术节，通过持续近一个月的系列艺术品主题展，以及丰富多彩的公众艺术参与活动，曾经代表了798艺术区当代艺术的先锋形象，是社会公众认识和体验现当代艺术的一个重要窗口，给798艺术区带来了巨大的国内影响和国际声誉。但如今798艺术节已经悄然变味，一个由官方机构和工业企业领导下的文化公司，显然缺乏举办这种活动的专业性，从2011年开始，798艺术节的"主题展"被取消，其对艺术的引领被所谓的"多元化"所替代，艺术节的广度上去了，深度却下来了。再加上798物业和艺术区内各艺术机构之间相对微妙的关系，民主参与798艺术节的重要决策几乎不可能，缺乏参与性、沟通性的798艺术节，对多数艺术品经营机构而言无异于"鸡肋"。缺乏激情和灵魂的艺术节，虽然为798艺术区带来了人气却丧失了其影响力。

总体而言，北京798的集体行动实践是比较丰富的：画廊协会的成立、画廊周、减免税游说、培训，制定行业自律规范和国际交流等项目集体性较强，民主决策程度高，得到的响应度也较高，给北京798带来了影响深远的长期效应，但目前协会的会员数量还比较少，协会机制作用力弱，其影响力还有待提高。而七星集团和关联公司主导下的798艺术节，专业性不强、缺少必要的沟通，而且画廊主与艺术品经营机构参与度非常有限，决策民主化程度低，效果大不如前。

（二）浙江横店集体行动实践

1. 横店影视节

在横店集团旗下的影视产业做大做强的同时，集团及其入驻企业早已谋划了举办影视节会的商机，借此进一步提升横店拍摄基地及实验区的品牌影响力。项

第五章 三个国内文化产业集群治理机制、结构、行为对治理绩效影响的比较

目得到了省市两级政府的大力支持,在2012年、2014年分别隆重举办了两届两年一度的横店影视节。浙江省广电总局高调出场,金华和东阳两级政府参与支持和运作,横店集团为举办主体,实验区管委会负责承办。政企密切合作旨在将横店影视实验区推向国内外市场,进一步整合影视资源,促进横店乃至浙江文化产业的高水平发展。为此,组委会在会议期间举办了一系列活动,诸如影视产品秋季交易会、横店影视产业论坛、横店影视基地游等极大地调动了人们参会的兴致。特别是影视节期间专门设置了浙江横店影视节金牛奖项目,借助评奖、现场公布与颁奖等环节将节会气氛不断推向高潮。"金牛奖"各项奖金的出资主体是横店集团,但是为鼓励横店集团在影视产业实验区发展中的龙头带动贡献,省、地、县三级财政拨出专项资金与横店集团一道,共同出资设立了颁奖基金。奖项的名目除包括优秀电影、电视剧大奖,最佳导演、制片人奖、最佳男女演员奖外,还专门设立了一项"最佳群众演员奖"。奖项面向全国,但主要目的还是鼓励立足于横店影视产业实验区的影视制作企业不断出精品、出品牌。另外,由横店集团独资设立的"文荣奖",专门奖励那些怀有梦想、挑战权威敢于创新的年轻的作家、演员、导演以及影视技术的各类专业人才。这为影视舞台新人注入给予了强大的力量,也为影视产业实验区的坚实发展提供了资源基础。

2. 加强影视产业版权保护的组织建设

健康、可持续发展的横店影视产业实验区,面临一个不可绕过的问题即版权的所属确认、保护和纠纷处理的问题。如何加强影视版权的保护,调节双方、多方的矛盾纠纷,防控矛盾的激化,保证实验区稳定发展一直是管委会常抓不懈的管理工作。起初,管委会只能被动地进行知识产权纠纷的调解工作,在化解矛盾的同时顺势宣传影视版权保护政策和法规;在涉及与区外版权纠纷处理困难时,管委会及时向上反映信息、提出意见和建议,争取省版权局及相关司法机关的调节与仲裁。基于影视作品及相关版权保护整体影响到实验区健康发展的状况,管委会连同横店集团及部分进驻企业于2014年12月发起设立了横店影视版权调解委员会。影视版权调解委员会的主要成员是以横店影视集团为主体的在实验区内影响较大的影视制作和发行等企业。委员会是负责影视版权纠纷的常设机构,下设专职办公室,专门负责日常有关知识产权各项事务的处理工作。

总之,浙江横店影视实验区的集体行动实践,主导者是横店集团和政府两个

中国文化产业集群治理：基于典型案例的实证研究

方面的力量，华谊兄弟传媒集团以及横店集团的合作伙伴等有一些话语权，其余的中小民营企业则只能跟随响应。所以，尽管领导型企业机制和政府机制作用较强，对集体行动有较大影响，但集体行动的民主性、参与度不足，集体战略决策的效率还是受到影响。浙江横店影视协会虽然于2012年成立，但目前的定位只是协助"办节办会"，没有起到组织集体行动的应有作用。

（三）西安曲江的集体行动实践

西安曲江新区集体行动实践不多，其中，西安曲江文化产业投资（集团）有限公司（曲文投）组织了一些培训项目，涉及多家企业参与。培训情况表见5-19。

表5-19 "曲文投"的集体培训项目

序号	培训内容	计划参加人数
1	问题分析与解决技巧	700
2	领导者的战略思考与决策	700
3	团队领导力	700
4	资本运作	700

通过现实的三个文化产业集群的集体行动实践的对比基本上可以验证治理机制、治理结构共同作用的效果。从集体行动的数量和作用强度来看，北京798集体行动数量虽多，但因为协会机制作用较弱，影响尚小；浙江横店的集体行动数量还不太多，但因为政府机制和领导型企业机制较强，作用强度更大；曲江新区由于政府和国有企业同属一家的特殊集群构成，因而集体行动动力不足，集体行动的数量和作用强度都更显不足。

二、三个文化产业集群双边合作的比较

在第三章的文化产业集群治理理论框架中已经阐明，影响集群治理绩效的集群行为主要是集体行动和双边的合作效率。集群双边合作效率主要通过合作范围和合作程度两个方面来进行衡量。

第五章 三个国内文化产业集群治理机制、结构、行为对治理绩效影响的比较

(一) 集群双边合作范围

表 5-20　三个集群的双边合作范围比较

	北京 798	西安曲江	浙江横店
知识、信息交流	71.43	43.33	33.33
人才培养	10.71	6.61	5.56
营销	58.93	33.33	38.89
创新	25.00	30.00	11.11
融资	12.50	20.00	0
国际化	37.5	13.33	5.00

从表 5-20 可知，北京 798 在知识、信息交流，人才培养，营销和国际化方面的双边合作水平比其他两个集群要高，另外在国际化双边合作方面，北京 798 和西安曲江比浙江横店要高得多。主要是因为北京作为国际化大都市，跨国艺术机构和非营利的国际艺术机构较多，西安的开放度也大大高于浙江横店；西安曲江在创新、融资等双边合作水平方面比其他两个集群要高；浙江横店在融资上基本没有合作或合作较少。知识和信息交流和营销等双边合作作为文化产业集群的共同特征，表现比较明显，这两方面以北京 798 最为突出。

(二) 集群内双边合作的程度

1. 文化企业与大学科研机构的合作程度

一方面通过考察三个文化产业集群的企业与大学科研机构在人才培养、创新支持、知识信息交流等方面的合作来测量。

表 5-21　三个集群企业与大学科研机构合作对比

	北京 798（%）	西安曲江（%）	浙江横店（%）
人才培养	55.36	53.33	22.22
创新支持	19.64	46.67	5.56
知识、信息交流	44.64	46.67	5.56
其他	17.86	30.00	50.00

据表5-21可知，大学科研机构与地处北京和西安的两个文化集群的企业的双边合作程度相对比与地处浙江横店的文化集群的双边合作程度要高得多，主要是北京和西安拥有丰富的人文资源，各种文艺院校、科研院所扎堆，如中央美术学院、清华大学美术学院、中国国家画院、西安音乐学院、西安美术学院等，这些高校和科研机构与北京798和西安曲江可能有更多的互动和交流。但据画廊经营者的访谈资料分析，大学科研机构对文化企业的帮助较少，因为受到相关体制的影响，大学科研机构的研究人员或经费不足或创新动力不足，研究脱离现实和应用，与文化企业之间的合作主要限于知识、信息交流层面，反而是文化企业对大学和科研机构的帮助更多。北京798已经成为20多所大学和机构的培训基地，其中就包括中央美术学院、北京大学艺术学院，甚至包括天津的一些学校；而且据798艺术家透露，现今大学科研机构官僚化严重，只看重合作者的"文凭"、"名气"、"头衔"，不重视真才实学，很难和草根出身的艺术家进行实质性的合作。浙江横店自建了艺术类职业技术学院，并且也成为北京电影学院社会实践横店基地。西安曲江的文化类别的多样性和西安丰富的高校科研资源在创新上的结合度比北京798要高，所以这方面的合作水平要高些。

从另一个方面也能反映大学科研机构与文化企业的合作程度。比如在人才和技术的来源上，具体见表5-22。

表5-22 三个集群人才、技术来源比较

	北京798（%）	西安曲江（%）	浙江横店（%）
来自大学科研机构	23.21	30.00	22.22
自己培养和开发	66.07	36.67	72.22
协会培养和提供	0	3.33	0
市场招聘和购买	46.43	76.67	38.89
联合培养和开发	12.50	6.67	11.11

从表5-22可以看出，北京798和浙江横店两个文化产业集群的人才、技术来源都主要依靠自身培养、开发，大学科研机构的影响较小，而西安曲江则主要倾向于在市场招聘人才和购买技术。这主要是因为北京798和浙江横店的文化门类（艺术品、影视作品）更加个性化，创新要求高，以研究规律化事物为主的大学、

第五章　三个国内文化产业集群治理机制、结构、行为对治理绩效影响的比较

科研机构发挥作用有限。曲江包括的文化产业门类相对较杂，大学科研机构在一些技术性或规律性强的文化门类中能够发挥一些作用，比如动漫游戏制作、出版传媒等。

2. 三个文化产业集群的融资合作程度

表 5-23　三个集群的融资合作比较

	北京798（%）	西安曲江（%）	浙江横店（%）
银行等传统金融机构	1.79	36.67	16.67
风险投资企业	3.57	10.00	11.11
自筹	91.07	73.33	77.78
政府	0	16.67	5.56
行业协会	1.79	0	0
非营利组织	3.57	0	0
亲戚朋友	7.14	3.33	5.56

从表5-23可以看出，西安曲江作为大型国有企业为主的政府驱动型集群，在获得银行等传统金融机构扶持、政府资助方面更有优势，在新型风险投资方面，曲江新区管委会旗下"陕文投"也成立了相应的国有风险投资和担保机构，为入区企业提供相关支持；北京798除了在非营利组织上能获得一点微弱支持外，主要依靠自筹或亲戚朋友支持，抗风险能力极低。据访谈了解，出现这种状况除了政府的担保扶持不够外，主要是银行经营方式普遍比较落后，主营业务还是传统的抵押贷款业务，没有设立专门针对艺术品或文化产品的"风险评估和投资"这一在国外已经比较流行和普遍的业务部门；社会上也缺乏艺术品权威的鉴定机构，加上当代艺术品市场波动剧烈，传统银行贷款难以操作；另外，艺术品经营者如画廊业主普遍不希望风险投资基金或企业介入他们的运营，所以北京798的画廊经营者大部分在工商登记注册上是个体身份，难以扩大经营规模和增加抵御市场风险的能力。同样出身草根的浙江横店则有所不同，横店影视实验区管委会与银行签订合作协定，为园区企业提供融资。如中国银行的"影视通宝"、建设银行的"影视贷"项目，把影视企业过去和未来的影视版权作为抵押物，设立文化产业评估部，每年授信30个亿，但实际执行起来也面临重重困难，得到贷款的

大部分还是大型企业；浙江横店积极扶持大企业通过资本市场直接融资，如实验区内华谊兄弟成功上市，其他准备上市和被收购上市的企业达17家。值得注意的是，北京798的行业协会相比其他两个文化产业集群在企业融资方面起到了一些作用，这一点和前文对三个文化产业集群的行业协会机制作用上的分析是基本吻合的。

3. 对外发展方面的合作

主要考察各个文化产业集群中的企业在外向发展时的合作程度。

表5-24　三个集群对外发展合作对比

	北京798	西安曲江	浙江横店
领导型企业	7.14	6.67	11.11
政府	19.64	33.33	22.22
行业协会	12.50	16.67	11.11
非营利组织	10.71	10	5.56

从表5-24可以看出，领导型企业与文化产业集群中的一般企业在外向发展中的合作程度不高；政府、行业协会与集群企业的合作程度较高；北京798和西安曲江两个产业集群中的企业与非营利组织之间在外向发展上合作程度较高，浙江横店则不明显。值得注意的是，虽然西安曲江文化产业集群内不存在集群行业协会，但因参与了西安市或北京市的相关行业协会，因此同样与行业协会存在合作。在外向发展中，798尤伦斯艺术中心受访者表示，在参加"广交会"时遭遇歧视，主要原因是尤伦斯注册地在中国，不属于"外企"，不能享受出口退税的政策，另一个原因是中国版权保护制度落后，外国企业担心盗版问题，不愿意与中国企业合作。

第五节　本章总结

本章主要包括以下几个方面的内容：

一是通过调查表，测试三个文化产业集群的专家在五种文化产业集群治理机制对治理绩效的影响上的观点，结果表明绝大多数专家都同意"治理"是导致不同文化产业集群绩效差异的重要原因，地方政府治理对文化集群治理绩效有很大的影响；五种治理机制对文化产业集群治理绩效的提高都有促进作用，其中政府机制、信任机制和领导型企业机制对提高文化产业集群治理绩效的重要性最大，协会机制的作用还没有得到充分的重视。

二是根据治理机制和治理结构的现状，判断其对集体行动效率的影响，结论是各种治理机制大都作用较弱和治理结构不够合理，集体行动的效率难以提高。

三是测试了集体行动问题的存在与否、对文化产业集群治理绩效的重要性以及影响集体行动效率因素的重要性。结果表明，除了集体融资之外，绝大多数专家同意其他四个集体行动项目存在集体行动问题（"搭便车"）；创新、人才培养对提高文化产业集群治理绩效的作用较大；在影响集体行动项目效率的因素中，无论是总体还是个别项目上，政府和领导型企业机制都是最重要的。

四是三个文化产业集群集体行动的实践和双边合作的比较。三个文化产业集群集体行动实践数量中，北京798较多，但因为主要是协会主导而协会机制作用程度不强，严重影响了其集体行动的作用范围，使得北京798集体行动效率大打折扣；浙江横店虽然集体行动数量较少，集体决策民主化程度不高，但政企紧密合作，加上领导型企业机制和政府机制的作用较强，集体行动的效果可能较好；西安曲江集体行动数量最少或几乎不存在，主要因为是政府机制太强，民营企业太弱，两极之间产生集体行动的可能性太小。此外，三个文化产业集群的双边合作总体水平也较低。总体而言，三个文化产业集群的集体行动和双边合作效率都不高。

第六章 美国好莱坞影视集群案例研究[①]

以市场经济为主导的发达国家在文化产业集群发展过程中,企业、协会、政府等相关主体在长期的冲突、磨合、妥协与合作中,基本形成了相对有效而稳定的制衡关系——以产业聚集的企业发展需求为中心,协会和政府相互分工和相互配合并提供产业促进服务,以便于各种正式的、非正式的治理机制能够形成,并充分发挥其应有的作用,从而保证集群治理绩效得以体现。无论是美国的"市场主导型"的治理模式、英国的"一臂之距型"的治理模式,还是日本、韩国的"政府主导型"治理模式等都类似体现出企业的自主择机、协会的自治作用以及政府的环境营造的动力作用。这其中文化产业最发达、文化产业集群式发展最早和发展模式最成熟的非美国好莱坞影视集群莫属。

本章选择好莱坞影视集群作为分析案例,对本书的理论假设再次进行验证,对于认识和理解处于不同发展阶段的文化产业集群的治理机制、治理结构、集群行为和治理绩效的内在关系有着重要的参考价值。

第一节 好莱坞影视集群的百年发展变迁

好莱坞影视集群,从狭义上理解,仅指好莱坞传统的八大巨型制片公司(目前是六大巨型公司)以及众多的独立制片公司组成的集群;从广义上理解,泛指

[①] 本书中好莱坞影视集群案例研究,研究设计与国内的多案例研究设计基本相似,但由于研究条件的限制,没有进行实地调研、访谈或观察,采用数据和事实全部来源于各种研究、报道等文件资料。

第六章 美国好莱坞影视集群案例研究

涵盖不同城市、规模各异的电影公司所构成的美国电影产业;从地理的角度理解,好莱坞特指美国洛杉矶市一个小镇的山坡上耸立着"HOLLYWOOD"巨大字样的地方。经过百年的集聚、扩展、分化和迁移发展,目前仅派拉蒙一家巨型影视公司还留在这里(何建平,2006)。因为好莱坞影视集群的发展时间最长,可以为理论假设提供跨度更大的事实和数据证据,因此,本书所指的好莱坞包括了广义的、狭义的和地理上的概念。好莱坞影视集群的成功,不单单是市场机制的作用,也不仅仅是政府力量的结果,而是政府、协会、企业三股力量博弈的制衡性发展,既是各种治理机制交互作用相互适应的结果,也是好莱坞文化产业集群逐步形成良好治理结构的必然。

一、好莱坞集聚形成初期(20世纪初)

美国电影产业自诞生起到19世纪末几乎都是以纽约为中心而发展的。20世纪初一批电影人和电影公司为挣脱爱迪生电影专利公司的"剥削和控制",被迫离开当时的电影生产中心(纽约),寻找新的电影拍摄基地。终于,他们发现了南加州洛杉矶市郊区一片荒地。这里地形奇特,可供拍摄的季节很长,地价和劳动力成本低廉,并且毗邻墨西哥,便于他们在遭遇电影专利公司的控告时快速逃出国境。好莱坞形成之初,大多数是一些势单力薄的独立电影人和中小型制片企业来到此地,他们通过集聚的方式合作创建电影运作所需的包括摄影棚、交通和洗印厂等基础设施并共享后期制作、发行公司的服务。到1912年,已有17家制片企业在这里运作,好莱坞影视集群初具规模,不过这一时期,纽约作为美国电影中心的地位还没有改变(钱紫华、闫小培,2009)。

二、经典好莱坞时期(20世纪20~50年代)

20世纪20年代后期到50年代初这个时期被称为"经典好莱坞"的黄金时代,经典好莱坞的轮廓以及国际地位就是在这段时间得以确立的。1921~1937年加州在美国电影产业中的就业比重从不到50%攀升为87.8%,而同一时期的纽约电影业则发生了明显的衰退,就业比例从36.8%锐减到8.3%(钱紫华、闫小培,2009);经过一系列的兼并收购和重组过程到20世纪30年代好莱坞已经演化为包括米高梅、20世纪福克斯、派拉蒙、雷电华、哥伦比亚、华纳兄弟、环球和联美八大巨型公司和一群小的独立制片厂商所组成的群落。据资料统计，八大巨型制片公司生产了美国电影总量的60%~75%，攫取了80%的全国票房收入，并将触角伸向海外（何建平，2006）。这一时期，好莱坞集群治理结构的最大的特征是巨型企业的垂直一体化（指制作、发行和放映三个环节被整合到一个企业里）并实施联合垄断。

好莱坞八大巨型制片公司在收购兼并重组的浪潮中由于受到了华尔街资本的控制，彼此并不是完全独立和竞争的关系，除华纳兄弟外，其余都处在洛克菲勒和摩根财团的控制之下。为避免价格大战带来的两败俱伤以及排挤独立电影制片商和外国电影势力，八大巨型公司走向了联合垄断。在电影制作领域，各巨型公司能够通过彼此交换或租借拍摄所需的电影创作人员（编剧、导演、演员等），而独立制片企业却被排除在外；在发行和放映环节，各巨型制片公司采取"好坏搭售"等基本相似的发行政策，成功地排挤了独立制片和外国电影企业，势必损害独立放映商的利益以及消费者的选择权利；联合垄断还表现在各巨型制片公司之间划分势力范围和实施管理人员轮岗制，既避免了直接的竞争又促使它们的经营策略、组织结构趋于一致。

好莱坞集群的垂直一体化经营以及联合垄断从纵、横两个方向把电影产业的所有环节和资源整合起来，减少了经营的不确定性，而且有利于在应对各种反好莱坞的势力和危机中采取"一致的立场"。

三、好莱坞动荡时期（20世纪50~80年代）

好莱坞电影产业链的垂直分离源于1948年的"派拉蒙法案"。美国联邦最高法院正式判定好莱坞巨型公司必须在它们控制的三个电影业环节（制片、发行和放映）中放弃其中的一个环节，最终迫使好莱坞五大巨头放弃了近2/3的电影院线网。"派拉蒙法案"令好莱坞失去了稳定可靠的市场，加剧了制作风险，直接导致了好莱坞纵向一体化生产体系的解体。到20世纪60年代，好莱坞巨型片商对未来发展的不确定性增强带来了电影产业发展的动荡，好莱坞新的权力阶层（学院派导演）所倡导的"巨片策略"没能拯救好莱坞，进入60年代末，好莱坞电影产业某些部门的失业率高达90%，工会50%以上的会员失业，巨型制片公司中的环球、派拉蒙、华纳兄弟和米高梅等相继易主，产业发展进入最低潮（何建平，2006）。

垂直一体化体系分离的另一个结果是诸如剧本、编辑、道具、灯光、经纪等与巨型制片公司制作过程有关的业务被剥离出来成立的相关辅助公司数量激增；凸显了低成本制作的独立制片商对产业的重要性；此外，独立制片商与巨型公司之间曾经根深蒂固的对立关系逐渐改变。巨型公司慢慢演变为独立制片商的资金提供商、包装商和发行商，而独立制片商也渐渐成为巨型制片公司制作环节的外包服务商。二者之间的新型互动关系体现了电影产业垂直分离后的弹性分工和合作关系，巨型制片公司不但借此转移了投资风险，还依靠强大的电影发行网络对独立制片商进行有效的控制。

好莱坞制片公司一方面通过介入多样性的产业（如电视产业）来减少市场不确定造成的风险；另一方面就是将电影制作的物理空间向区域外或国外进行扩展。这一时期，好莱坞的电影制作呈现出显著的区位"外溢（出逃）"现象。为节省制作成本或获取外国的电影制作补贴，除巨型制片公司的电影制作区位还倾向于纽约和洛杉矶以外，独立制片商则将拍摄和后期制作活动"溢出"国外，增强了欧洲及其他国家的制作区位。整个产业的"外逃"情况如图6-1所示。

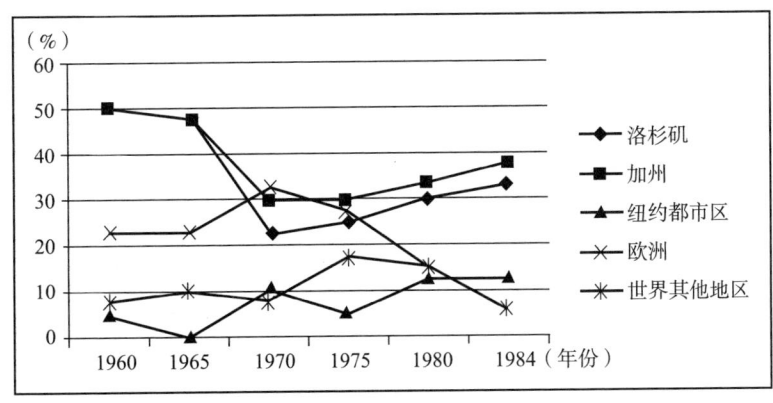

图6-1 1960~1984年好莱坞电影制作活动区位

资料来源：钱紫华、闫小培：《好莱坞电影产业集聚体的演进》，《世界地理研究》2009年第1期，第121页。

四、好莱坞全球化时期（20世纪80年代至今）

好莱坞电影产业在"一战"后，"二战"前是基于"本地化生产全球化分销"的商业模式，当时好莱坞的电影产量就占到世界电影产量的近半壁江山；"二战"以后好莱坞由于电视的竞争和城市郊区化运动陷入巨大的生存危机，开始更加重视国外市场，尤其是欧洲市场。与此同时，英、法、意、日等国家为获取美国的经济援助不得不更大范围地打开了他们的电影市场，战败"轴心国"的电影制作公司被美国强制解散，保护电影的立法也被延缓，这样好莱坞在肩负反共与反法西斯政治意图的同时，将电影库存大量出口到以上这些国家以谋求利润。20世纪90年代的好莱坞产业结构又渗透到时代华纳、新闻集团、维亚康姆等跨国媒介集团之中，充分发挥其"交叉生产和销售"的优势，为好莱坞更深入更广泛的全球化扩张创造了更丰富的资金、人才和渠道资源。

进入20世纪80年代以后，好莱坞影视集群的产业格局变得异常错综复杂。多媒体时代的好莱坞被分割成了众多的利益单元，比如电影的放映渠道除了传统的电影院线外，还包括录像带系统、电视系统、网络系统等；从原来对比悬殊的两极或三极世界——"好莱坞巨型公司与独立制片商"或加上"辅助公司"进入更为灵活而复杂的格局之中。目前，好莱坞影视产业集群由六大巨型制片公司和十万多家中小独立制片公司组成，其中，有好莱坞巨型公司的母公司（跨国媒体集团）、好莱坞巨型公司的子公司（艺术影片公司）、大大小小的独立制片公司和富有弹性的"临时公司"，这些集团或公司在好莱坞影视产业中积极互动，根据自己的实力寻找合作和发展的机会，形成了新利益格局中的不同位置和运作机制。好莱坞新的巨型公司及其母公司目前的市场经营情况见图6-2。

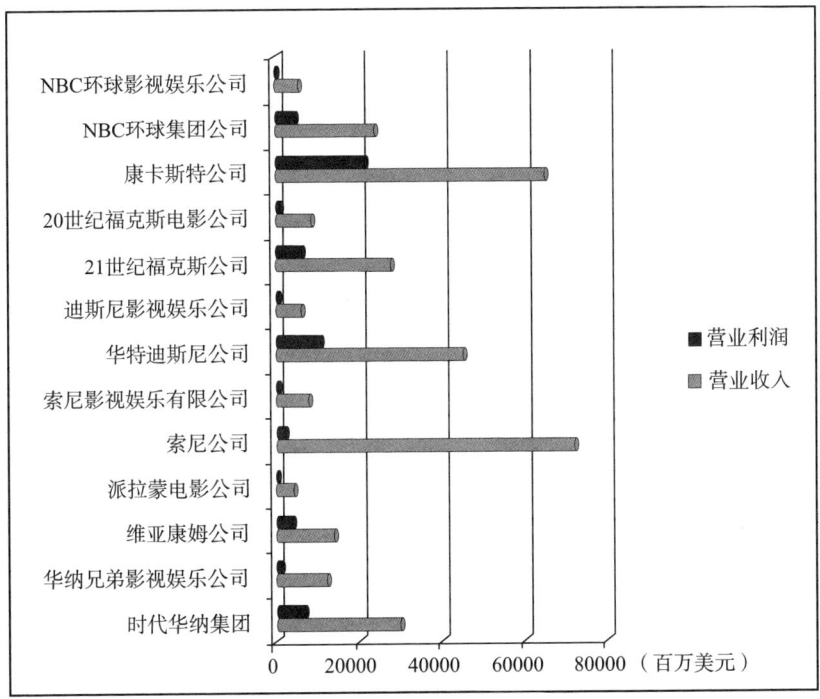

图 6-2 好莱坞六大巨型公司和其母公司 2013 年的营业利润和收入

资料来源：陈焱：《好莱坞模式——美国电影产业研究》，北京联合出版公司 2014 年版，第 9 页。

第二节 好莱坞影视集群的治理机制与治理结构

一、好莱坞影视集群的治理机制

在好莱坞影视产业集群一百多年的发展历程中，从小到大，从好莱坞到美国再到全世界的历程中，市场机制一直都是基础性和关键性力量，尽管市场机制在协调和保障交易方面还存在不完备甚至有负面的影响。但集群成员之间的信任、集群文化、领导型企业、协会等非正式机制和政府机制等正式机制起着重要的治理作用，尤其突出的是其领导型企业机制、协会机制和政府机制的作用。

(一) 网络治理机制

好莱坞的集群文化是商业文化。在好莱坞，"电影就是一门生意"的观念渗透在企业间的合作或是电影制作等的方方面面。这种文化的形成主要是基于以下三个方面的原因：一是好莱坞远离东海岸（纽约）精英（高雅）文化的影响，电影一开始就是作为那些怀抱致富梦想且没能融入主流社会的移民开拓洛杉矶这个"蛮荒之地"的赚钱工具而存在；二是受美国作为年轻的移民国家所特有的"实用主义"文化的影响；三是好莱坞最早的一批电影制片人和导演、巨型制片公司的创始人几乎全是犹太人。在好莱坞近百年发展历史中，一直控制着好莱坞主要决策职位的是占人口 2.5% 的犹太人，他们的民族特性和文化素质赋予了他们"经商的天分"（何建平，2006）。好莱坞的集群文化就是在这最根本、最原始的基础上形成的。虽然好莱坞影视集群扩大后，它的人才和资金大多数都来源于纽约，而且电影企业的总部也大都设在东海岸，也没能从根本上改变好莱坞根深蒂固的发展逻辑和它的商业本性。

好莱坞集群文化是在电影行业或职业中的人们长期的互动交往合作中逐步形成的共享的规范和价值观念，它直接影响到集体惩罚机制的形成，为其提供惩罚标准。在好莱坞，如果有导演主创"艺术电影"而惨遭失败，那么他本人甚至他所在的剧组成员都会在一段时间内受到就业市场的"惩罚"（Jones 等，1997）。电影是一种集体行动的产物，集群文化可以汇聚不同参与人员各自的目标和期望，塑造行为标准，降低集体行动的交易成本，协调和保证集体行动的开展。

好莱坞的集群文化对集群成员之间的信任和声誉的形成也有重要的作用。好莱坞的信任不是建立在各种社会关系基础上的信任，而是一种基于契约精神的平等交换的商业文化信任和基于健全法制基础上的制度信任。在好莱坞，无论是巨型公司还是独立公司，无论是制作、发行抑或是产业价值链的任一环节，都会在比较完善的合同约定下展开业务。由于他们的合作有清晰的合同条文约定他们的合作方式、费用支付和利益分配方式，只要能够按照合同约定的条件按期提供高水平的服务，在健全的美国立法、司法环境的威慑作用下，利益一般是可以得到保障的。因此，在好莱坞，处处是法律、娱乐法和律师。好莱坞版权保护非常严密，仅仅就影视节目的制作和发行来说，就涉及剧本的故事版权、期权合同、融资和创作人员合同，其中创作人员合同包括导演、编剧、作曲家、美术设计师、演员以及其他所有员工的合同；一个演员串几场戏，演几天，合同能长达100页（陈焱，2014）。在广泛的文化信任、制度信任及集体惩罚基础上，声誉很容易发挥作用。好莱坞影视产业是一个竞争性极强的行业，只要做得足够好形成了"好口碑"，不愁没有公司找上门合作。

好莱坞的网络治理机制是以普适性的商业文化信任、制度信任为基础的信任机制、声誉机制、集体惩罚机制和集群文化机制的混合体，在协调和保证交易上成本更低，避免过度"根植性"的关系信任带来的局限，因此有利于建立集群更广泛的外部联系和扩展外部合作，把好莱坞推向更广阔的发展空间。

（二）领导型企业机制

领导型企业机制存在与否主要取决于企业在规模和能力上超过一般企业并且对其他企业带来"正"的外部性。在好莱坞集群的形成初期和经典好莱坞时期不存在领导型企业机制，因为，初期是大量的势力均衡的中小企业间的竞争和合作关系，不存在能力超强的领导型企业；经典好莱坞时期是八大巨型公司的纵向垄断和联合垄断，意在打击和排斥少量独立制片企业，根本不存在与独立制片企业的互利合作；从好莱坞动荡时期到好莱坞全球化时期直至目前为止，领导型企业机制都存在并充分发挥了其整合资源、协调集群企业关系的作用。自派拉蒙法案后，好莱坞影视集群治理结构（权力结构）发生了重大变化：原八大公司垄断格局被肢解，独立制片商崛起，辅助公司群体大量增加。巨型公司作为领导型企业把它们的业务重心集中在发行和放映环节，而把风险较大的制作环节或外包给独立制片，或借助辅助公司自行生产。为降低成本或充分享受海外税收优惠、财政补贴，巨型公司不断将业务转移到洛杉矶以外的地区如欧洲、加拿大等国家。好莱坞巨型公司凭借其强大的发行网络在好莱坞影视产业价值链上占据了关键的位置，对独立制片、辅助公司形成了准层级式的控制和管理。在好莱坞不断全球化的发展时期，巨型公司除了协调集群内的独立制片、辅助公司的业务，还要协调海外拍摄、制作方面的业务，在全球影视价值链上掌握渠道优势和高品质的制作优势。好莱坞巨型公司在整合国内、国际两个市场的资源，协调集群内外的分工合作，降低集群交易成本，以及领导集群集体行动方面发挥了重要的作用。

(三) 协会机制

美国电影协会的存在并发挥强有力的作用是好莱坞之所以能够坚持"商业本位"的集群文化，以及建立起国内、国际市场上霸主地位的重要原因。美国电影协会其前身是"美国电影制片人和发行人协会"（1922年成立），"二战"后更改为现名。美国电影协会是好莱坞集群的一个自律性和服务性组织，一方面，它加强企业与美国官方、民间以及各种好莱坞的利益相关者之间的良好关系，成功应对团体对好莱坞电影商业性的攻击，缓解种种道德、宗教压力，阻止美国联邦政府出台统一的电影审查法案，一再推迟了政府的"反垄断"行动，为好莱坞编织了一张柔软而坚硬的"保护网"，创造了宽松的经营环境。另一方面，它也同样借助外部的各种势力对好莱坞实施限制和监督，使好莱坞在电影的商业性、娱乐性与道德性、政治性之间保持适当的平衡。当美国电影协会积极推动的分级制替代审查制后，好莱坞最终避开了电影道德上的"雷区"（青少年身心健康的保护），其电影的娱乐性与道德性之间的冲突得以进一步弱化，形成了多样化的市场，推动了好莱坞影视产业的创新。

美国电影协会作为好莱坞八大巨型制片公司（现在为六大巨型公司）组成的行业性组织或利益集团，不单单是好莱坞的自律机构，还是其对外代理机构和游说工具。美国电影协会根据其成员公司的发展成立了电视部、海外部等多个分支机构，代表巨型公司与海外的贸易国政府及相关国际组织进行沟通和协商，收集各国电影市场的信息及贸易国的电影法规政策信息；为扫清好莱坞进军海外电影市场的阻力，美国电影协会一直以保护本国电影产业免受外国社会和政治压力为理由，游说政府打击或抵制实施电影保护政策的欧洲国家；在同以各种形式损害好莱坞利益的盗版作战中，电影协会更是一马当先，扮演着不可或缺的角色。因此，美国电影协会既是好莱坞电影公司的监督机构，也是将好莱坞各巨型电影公司真正联合起来的中枢神经。协会协调各成员公司之间的利益纠葛，使他们在维护共同利益上能够采取一致的立场和实施集体行动；它不但成了好莱坞与华盛顿及反好莱坞势力沟通的桥梁和对抗的缓冲器，而且还成为其开拓海外市场、排斥竞争对手、保护霸主地位的最有力的武器。

美国电影市场协会构成好莱坞影视版图的另一极。进入20世纪80年代，在10位发行商和独立制片商的共同努力下，终于建立了"美国电影市场协会（AFMA）组织，并且筹办了"美国电影市场（AFM）"。之后，美国电影市场成为全球规模最大、交易额最高的国际电影交易市场。应该说，美国电影市场协会的成立意义重大，它不仅把长期处于散、弱状态的独立制片联合起来，使独立制片商拥有了自己的监督、协调、保护和服务的机构，而且它组织的一年一届的美国电影市场更为独立制片创造了源源不断的巨大的资金来源和交易机会，极大地促进了美国和全球独立制片产业的蓬勃发展。

（四）政府机制

"言论和出版自由"作为美国文化产业政策制定的基本准则是由美国宪法第一修正案（1791）所确定的。围绕宪法第一修正案所进行的自由与监管的博弈正是美国文化产业政策发展历程的反映，而文化企业相对自由的发展空间和政府适度的监管正是保障文化产业以及文化产业集群健康繁荣有序发展的根本。好莱坞电影产业的商业娱乐本位，是在与政府以及各种压力团体的长期博弈后确立的，最终电影产业被美国政府定性为工业，因此美国是按监管普通产业的方式而不是按照政治逻辑或文化逻辑去监管电影。在国内，好莱坞由自己的自律机构对电影自行分级，美国政府旨在创造和维护自由、公平的竞争环境；在海外，美国政府则根据"内外有别"的法律和政策体系给予好莱坞最强有力的支持。总之，美国政府在维护好莱坞的核心利益、竞争秩序和促进海外竞争力方面发挥了巨大的作用。

1. 注重版权保护和增强全球竞争力的法律法规

政府通过制定严密的版权保护法律体系，保护创新原动力和文化产业的核心利益。美国的第一部版权法诞生于18世纪末，是世界上最早对版权进行保护的成文法。该法先后历经四次重大修订（最近一次是1976年），1976~2000年又被修订了46次，到目前为止已经成为全球最前沿的版权保护法律体系（赵双阁、李剑欣，2014）。与欧洲版权保护理念不同，美国更强调对拥有作品的企业和出资者的保护而不是对直接创作者的保护，而且强化通过法律诉讼来处理争端的版权保护意识。在网络经济时代，美国政府为应对数字技术对版权产业带来的挑战（盗版更便利）又补充出台了相关法律法规，如《录音制品数字表演权法》(1995)、《电子盗版禁止法》(1997)、《数字千年版权法》(1998)、《规范对等网络法案》(2002)、《家庭娱乐与版权法案》(2005) 等。此外，为防止迪士尼公司因其卡通片《米老鼠》的著作权保护到期而蒙受巨额损失，美国众议院不惜通过《松尼·波诺著作权期限延长法案》，使得著作权保护年限在原来基础上被延长了 20 年（何建平，2006）。为了保护本国版权产业在海外的利益，美国于 1989 年加入了《伯尔尼公约》并推动形成了 WTO 的成员国都必须签署的《与贸易有关的知识产权协定》，极大地拓展了版权保护的范围。另外，美国还特别设立了"全美知识产权协调中心"，综合协调版权产品进出口过程中涉及的各个知识产权保护部门（如贸易代表署、版权办公室、海关等）的工作。

政府还制定了鼓励集体出口和产业融合发展，增强对外竞争力的法律。1918 年，美国政府为鼓励企业为增加出口而组成不受反垄断法限制的出口协会而出台了《韦布——波莫润出口贸易法》。"二战"后，美国电影协会成立了其海外分部——电影出口协会 (MPEA)，并组建了专门从事国际贸易的组织，极大地促进了好莱坞的电影出口；为促进全球化和数字化经济条件下的文化相关产业的规模化、融合化发展，美国政府最早于 1996 年通过了对广播电视等传媒产业放松限制（数量和所有权限制）的《联邦通信法》，大大促进了媒体和相关文化内容产业的的融合大发展，便利了好莱坞最大限度地发挥"交叉销售"的优势。目前，这项法案的最大受益者包括好莱坞六大公司母公司在内的最大的 25 家媒体集团，这些媒体集团都介入了娱乐、互联网、广告、体育、新闻出版、广播影视等众多行业。

2. 奉行反垄断政策，维护公平有序的竞争环境

以派拉蒙为首的好莱坞巨型制片商凭借其联合垄断地位推行一致的"好坏影片搭配"政策，损害了独立放映商、发行商和独立制片人的利益，不利于电影产业的长远发展，从而遭到了美国联邦政府的"强烈指控"。1948 年联邦最高法院强令巨型片商放弃其垂直价值链条的任一环节，史称"派拉蒙法案"。该法案彻底瓦解了好莱坞垄断势力，为好莱坞注入了新鲜血液和多样化的活力；1970 年美国联邦通讯委员会借助《谢尔曼反垄断法》以及《克莱顿反垄断法》调整了三大电视网（ABC、NBC、CBS）节目购买和销售的方式，严重束缚了三大电视网的

发行空间，但扩大了好莱坞巨型公司的发行势力，被称为"财务利益和辛迪加条例"（以下简称"财—辛"法案）。"财—辛"法案彻底改变了电影和电视业的"对立"格局，为好莱坞分享国内外电视市场比较稳定的制片和发行收入提供了巨大的机会，增加了好莱坞电影业收支平衡的渠道。

3. 外交和贸易谈判政策，助力开拓海外市场

首先，通过利用外交和地理优势，美国政府早在1926年就在商业局及海外建立了一个独立收集海外电影市场的性质、规模以及竞争、法律政策等相关信息的电影分部。借助拥有400多个领事办公室的国务院海外站以及涵盖全球主要商业中心和首都的44个海外办事处等庞大的信息网络，不间断地传递电影界所需的各种有利于开拓海外市场的信息；此外，在贸易谈判政策方面，美国政府于20世纪20~30年代已经就电影配额制度与欧洲国家进行过多次拉锯式谈判，希望本国影视产品能够享有与其他商品或服务相同的贸易地位，却因其影视产品存在意识形态属性问题遭到欧洲国家谈判代表的一致反对和反感。美国政府不得不采取渐进的高压式的谈判方式撕开其他国家的电影保护主义政策网，如迫使盗版泛滥的中国、马来西亚等国加大打击盗版的力度，为好莱坞赢得更大的发展空间。

4. 减税和资金、设施支持政策

税收政策一直是美国政府扶持电影产业的重要手段，特别是电影业遭遇困境时，政府还会加大税收减免力度。如在20世纪60年代好莱坞陷入发展低潮时，美国政府颁布了《收入法》（1971）将影视业的投资纳入税收优惠的对象范围；好莱坞全球化时期，为避免产业外移和就业减少，美国政府又通过了《美国工作机会创造法案》（2004）提出特定的电影业税收优惠条例；2011年生效的加州政府的一项税收政策明确规定参与电影制作人员的工资或报酬等生产成本可享受20%~25%的减税，不过额度有限（彭侃，2011）。如今，加州政府正面临需进一步增加免税额度以防就业和产业外逃的压力；美国政府对好莱坞的支持不光体现在宏观的法律法规、外交方面，也体现在具体的资金和设施帮助上。比如，半官方的国家艺术基金会向好莱坞独立制片的艺术电影提供过资金支持，美国的各级政府和部门大多数设立了电影部，通过免费或以很少的费用提供设施协助好莱坞在当地的拍摄。

(五) 非营利组织机制

1927年，米高梅的总经理梅耶在好莱坞倡议和组织了一个以促进电影艺术发展和电影人团结为初衷的电影艺术与科学学院。后来该组织成为由近6000名电影界资深人士组成的专业的评选、表彰电影界成就，鼓励优秀电影作品和创作的民间非营利组织。美国电影艺术与科学学院组织的"学院奖或奥斯卡金像奖"颁奖活动自1929年起几乎每年都在好莱坞举行，200多个国家对之进行电视直播，它总共包括20多个奖项，涵盖了多种电影类型，近一个世纪以来广受赞誉，已成为全球最负盛名的电影业奖项（华锡梅，1996；Wikipedia，2011，2014）。美国电影艺术与科学学院作为好莱坞独立自治的非营利组织，其专业的评选方法、严谨的评选程序以及权威的评委是其长久不衰的法宝。在缺乏质量标准、市场需求高度不确定的电影产业中起到了风向标和指南针的作用，引领着美国乃至全世界的电影发展潮流，而且它也是制造"声誉"机制的机器和团结电影人的沟通交流平台。除此之外，在好莱坞，还有一些私人艺术基金会为年轻的导演或非营利目的的拍摄提供资金支持。

二、好莱坞影视集群治理结构

对好莱坞影视集群治理结构也分为三个部分来进行分析，包括宏观的、微观的治理结构和总体的治理结构。

(一) 宏观层次政府、协会和企业三者的权力分布

在好莱坞，影视企业始终是集群发展的核心和最根本动力；协会是好莱坞企业自愿成立的民间性、自愿性、自治性的非营利的行业自律和服务组织；而政府对好莱坞的政策是"国内的宽松管理（不颁布统一的电影检查法），适当监管（反垄断法案）和国外扩张的积极支持"。好莱坞的宏观治理结构比较合理，主要是因为企业作为市场主体具有自主治理的主动权和政府有着准确的职能定位，并且在企业和政府及各利益相关者之间存在一个强有力的协会组织（缓冲地带），既可以实现行业的自律监督又可以反映企业的诉求，同时在政府

和企业之间构建一个信息中枢使得政府的法规、政策更加有效，企业之间的集体行动效率更高。

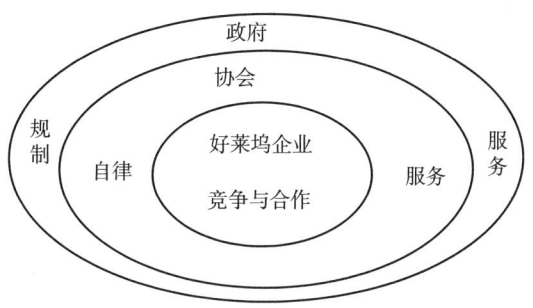

图 6-3　好莱坞影视集群宏观治理结构

然而，好莱坞合理的宏观治理结构并不是一蹴而就的。在好莱坞发展早期，还没有形成巨型企业的垄断局面时，联邦政府处于"无为而治"的状态，但各种"压力团体"（道德和宗教等群体）、地方政府针对好莱坞电影的商业化设置了种种限制；为解除地方政府的"电检法案"（电影检查法案）所带来的市场分割，阻止联邦政府出台统一的"电检法案"，好莱坞巨型企业迅速成立行业协会来缓解各种冲突。随着好莱坞巨型企业的垄断对自由的国内市场竞争造成较大影响时，联邦政府借助反垄断法成功地肢解了好莱坞巨型企业的市场势力；在好莱坞企业面临内忧（电视冲击，观众减少）和外患（外国电影抢占市场，海外市场开拓受阻）时，联邦政府又伸出援助之手，通过利用减税政策、促进产业融合法案、限制电视网垄断法案、鼓励组织出口托拉斯的法案等方式帮助好莱坞渡过难关，增强竞争力和开拓海外市场。在这些法律、法规出台的背后，美国电影协会起到重要的促进作用，而且，通过出台"分级制"从根本上消除了地方政府的"电检法案"和好莱坞影视产业娱乐性、道德性及多元化发展之间的矛盾。可以说，好莱坞影视集群三大治理主体的角色和地位的均衡是市场机制、政府机制以及协会机制综合作用的结果。

（二）微观层次的不同企业权力分布

好莱坞企业间的关系在近百年间发生了巨大的变化。好莱坞刚刚形成之初，一些规模较小的中小企业展开竞争与合作形成马歇尔式集群或意大利式产业集群；在20世纪30年代，好莱坞电影产业在激烈的市场竞争中逐渐走向垄断，由八大巨型公司和少量的独立制片商（有30多个）组成。八大巨型公司垄断了几乎所有的电影业务，形成完全"核心型（全部中心型）"的权力结构，这对集群的创新和长远发展是不利的。进入20世纪40年代末，好莱坞的垂直一体化体系衰落后，制作和放映环节成立了许多的独立公司，而且与制作有关的中间辅助层也进行了专业化分离，形成了八大巨型公司和大量的独立制片、专业辅助公司等组成的群落。此时，巨型公司与独立制片和辅助公司开始了分工合作，形成了"中心—外围式"集群治理结构；20世界50年代末至80年代，好莱坞垂直分离进一步发展的结果是形成新的微观治理结构："轴辐式+马歇尔式"产业集群，八大公司和独立制片商开始把电影制作的部分环节转移到全国或海外；进入20世纪80年代以来，好莱坞的集群微观治理结构呈现出更加复杂的格局，形成了"中心—外围+马歇尔+卫星平台"型集群，即好莱坞的电影制作业务出现了大量的区位转移，在海外形成了"卫星产业群"。好莱坞微观治理结构与特征具体变迁如表6-1所示。

表6-1 好莱坞微观治理结构与特征

时间	治理结构	特征
20世纪初	马歇尔式或意大利式	中小企业平等竞争和合作
20世纪20~40年代	全部中心型	巨型企业垄断，不存在和小企业的分工合作
20世纪50~80年代	"轴辐式+马歇尔式"	一部分本地或外地（海外）企业围绕巨型企业分工合作，另一部分独立制片形成平等的分工合作群，也与外地（海外）企业保持合作
20世纪80年代以来	"中心—外围+马歇尔式+卫星平台"	巨型企业和外围企业以及中小独立制片商都发生了大量的业务外移，在海外形成了"卫星产业群"

好莱坞影视集群微观治理结构的变迁也可以通过图6-4直观地展现出来。

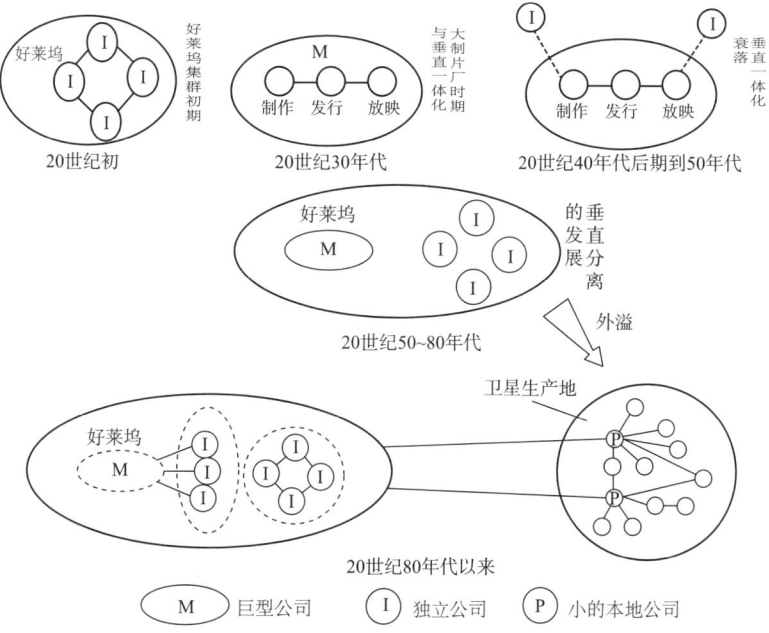

图6-4 好莱坞影视集群微观治理结构的变迁

资料来源：部分图片来自钱紫华、闫小培：《好莱坞电影产业集聚体的演进》，《世界地理研究》2009年第1期，第125页。

（三）好莱坞总体治理结构与治理机制特征

20世纪初至今，除了好莱坞经典时期（20世纪20~50年代）好莱坞几乎成为纯粹垄断组织不具备集群特征以外，好莱坞集群治理结构大致经历了共享参与型到领导企业主导型以及管理组织（协会）主导型治理结构三大转变。具体见表6-2。

表6-2 好莱坞总体治理结构演进和治理机制特征

时间	治理结构	治理机制特征
20世纪初	共享参与型	网络治理机制
20世纪50~80年代	领导企业主导型	网络治理机制、协会机制、政府机制、领导型企业机制
20世纪80年代以来	管理组织（协会）主导型	网络治理机制、政府机制、领导型企业机制和协会机制作用范围更广，强度更大

根据表6-2可知，好莱坞治理结构的变迁事实上反映的是治理机制的作用程度和作用范围不断变化的结果。如20世纪初，在好莱坞集群初步形成阶段，集群成员之间的信任、声誉等网络治理机制起主要作用；20世纪40年代后期，由于政府规制导致好莱坞治理结构由"垄断"转向"领导企业主导型"，领导型企业机制在好莱坞垂直一体化分离的情况下发挥了重要的作用。领导型企业借助其在全球发行方面的雄厚实力对专业辅助商、独立放映商，以及部分独立制片商、国外的卫星产业群实施了产业价值链的准层级控制。现在巨型公司每年只制作少量的"重型炸弹式的大片"制造和维持其品牌"声誉"，而且往往是与国外影视企业合拍或通过巨型公司之间合作的方式进行，除此之外主要是"收割"（购买并发行）独立制片商制作的"好的、有潜力的"电影作品，已经完全完成了"价值链升级"的前几个阶段（工艺、产品、功能），进入价值链升级的最高端——链的升级，从控制影视产业价值链到成为影视衍生品品牌价值链的主导者。但是，20世纪80年代以来，随着好莱坞影视集群全球化发展程度的加深，不仅受到国内政府机制的影响，受到国外政府以及国际组织政策法规的影响等，协会机制的作用越来越大。美国电影协会和成员企业有业务关系的国家政府（国家级有150多个，地区级有几百个）积极联络和沟通，并收集海外市场政策信息及时传递给成员公司；2011年，它还特地设立了一个支持六大成员公司海外业务的环球政策团队；2013年，美国电影协会共有7个全资办公室遍及本土和海外，其中第二个总部的"总部"（洛杉矶）的办公室具有人数最多、业务最齐全、距离好莱坞最近的特点，便于美国电影协会与其成员的沟通和合作（何建平，2006）。协会机制成为好莱坞加强各方面联系（国内外政府、国际组织），收集国内、国际市场信息，采取集体行动，捍卫好莱坞企业利益的最佳制度安排。在治理结构转变的过程中，好莱坞独特的网络治理机制使得它能够在不同地区、不同的国别范围内发挥作用；政府机制在维护好莱坞竞争秩序以及促进海外扩张方面也起到了不可替代的作用，其作用范围更广、作用程度更强。

第三节　好莱坞影视集群的集体行动[①]

好莱坞在全球影视界龙头地位的形成与其良好的治理绩效或集体效率是分不开的，好莱坞的集体行动效率是其治理绩效的重要组成部分，主要源于其独特的治理机制和治理结构的共同作用。在好莱坞上百年的发展历程中，可以列举的集体行动例子非常多，下面仅列举几个重要的事件：

一、由"海斯法典"到"分级制"

20世纪20年代，美国各道德、宗教等"卫道"组织视好莱坞商业性（充斥性、暴力元素）电影为"洪水猛兽"，对之发起了一波又一波的舆论进攻，不断给州和联邦政府的立法、司法部门施加压力。据统计，1920年前后，多数属于州郡或市级的200多个电影审查组织构成对电影的"后审查"。好莱坞因电影市场被分割而举步维艰，被迫提起上诉，但未获法院的支持。在此生死存亡的关头，好莱坞电影企业采取的第一个集体行动就是成立自己的利益代表协调好莱坞和政府等各种势力的关系。1922年1月，由好莱坞八大巨型公司发起的美国电影制片人和发行人协会（现为美国电影协会）应运而生。对于八大制片公司而言，他们急需一个能够代表好莱坞利益且能在各种反好莱坞的势力间进行疏导而无损于自己经营自由的机构，但对于海斯来说（美国电影协会的第一任主席），他却既要斡旋于各种亲好莱坞和反好莱坞的社会、政治势力之间，又必须要加大对好莱坞的自律和监督。在各派势力僵持不下之时，海斯成功地巧借美国天主教的势力制定了电影界第一部为好莱坞各巨型制片商所接受的自律规范——"海斯法典"[②]。

[①] 由于缺乏实地的调研，好莱坞影视集群的双边合作的数据无法获得，本节只重点介绍其集体行动的事实。

[②] 海斯法典是第一部用于规范好莱坞电影人的电影自律法规，由天主教人士起草，第一任电影协会主席海斯亲自润色，并以其名字命名的。主要包括电影人应遵循的基本准则、电影应担负的道德义务以及电影制作的"雷区"等内容。

"海斯法典"在一定程度上缓和了好莱坞与政府及社会势力的冲突,阻止了联邦政府"电检法"的出笼,为好莱坞赢得了继续发展的空间。

从海斯法典到分级制的出现同样是好莱坞的又一个重要的集体行动。好莱坞的第三任电影协会主席杰克·瓦伦蒂发现"海斯法典"已经形同虚设,但各州针对电影制片的法律障碍却不能消除,尤其是"教唆青少年犯罪"的法律条文根本无法被驳倒,电影人则将陷入无休无止、耗时费财的诉讼之中。为避免联邦政府或州政府继续成立新的审查名目和机构,杰克·瓦伦蒂开始积极为电影"分级制度"的启用而奔走呼吁。1968年11月,美国电影界的几个主要的行业组织如"美国电影协会"、"美国海外电影进口商和发行商协会"以及"全国影院业主协会"达成共识签订协议,正式颁行并实施自愿性电影"分级制度"而废弃原先的"海斯法典"。分级制因彻底解决了电影娱乐性与道德性的冲突,大大降低了电影业的交易成本,从而得到电影业老板的衷心支持,而且它也改变了好莱坞电影在"海斯法典"下的单一风格,走向了"分级制"下的"异彩纷呈"。

二、集体抵制国外的电影保护政策

1947年8月,英国政府悍然发动了对全部海外影片征收75%关税的计划,企图打击以好莱坞为主的海外销售商的利益,保护英国的电影市场。英国征税计划刚刚宣布的次日,在美国电影协会的领导下,美国电影企业陆续表示将无限期抵制该计划,不再对英国市场出口影片。因为好莱坞大片占领了英国电影市场份额的80%,许多观众因看不到好莱坞"大片"而爆发大规模的游行示威,很多影院被迫关闭,少数幸存的电影院也只有靠美国旧片循环播出维持生存。英国贸易委员会主席急切地与美国电影协会主席展开谈判并达成协议,允许好莱坞电影制片企业每年汇回美国的利润至少1700万美元,而留下4000万美元的利润作为在英国的投资。这场英美电影贸易大战事实上是以英国的电影放映业惨败、英国政府的让步而收场的。

第六章 美国好莱坞影视集群案例研究

三、集体建立海外发行网络

"一战"后好莱坞在海外发行最主要路径是建立直营式（垂直式）的发行网络，虽然可以全面影响和控制影片的促销、票房业绩和信息反馈，但管理和经营成本非常高。为此，20 世纪 70 年代后，好莱坞巨型公司如环球、派拉蒙和米高梅、联艺的发行机构合并设立了联合国际影片公司（以下简称 UIP）以降低各自的管理费用。UIP 的主要任务是在海外出售成员企业的收费电视播映权和影片发行权。2005 年左右，UIP 在全世界成立了管理 101 个国家影片发行业务的 37 个发行分公司，并且通过代理机构在其他 61 个国家发行它的影片（何建平，2006）。好莱坞凭借其丰富的营销经验和庞大的发行网络，正慢慢演变成一个世界性的发行组织。事实上，发行是电影业三个环节中风险较小、获利最丰厚的部门，理由在于它参与影片票房分成的比例高，时间较早，回报较高而稳定，而制片业除非碰到特别卖座的电影，否则很难获得什么真正的好处。所以，即使其他独立制片公司或国家能制作出很有影响力的影片，但缺乏广泛的放映渠道支持，其利润的最大部分被好莱坞所"撇取"。

四、集体游说政府

好莱坞电影协会作为好莱坞巨型片商利益的代言人，其总部设在华盛顿，常常作为集体游说政府的代理在白宫及相关部门频繁活动。其中的一个例子是好莱坞巨型制片公司在"派拉蒙反垄断法案"中无力反驳联邦政府的指控，只得请电影协会主席海斯出马到华盛顿展开游说工作。海斯提出两个理由：一是好莱坞电影产业作为美国的一个特殊工业，不仅能拉动其他商品出口而赚取巨额外汇，而且是美国形象在海外的代言人、主流意识形态的传播者，假若好莱坞因被迫放弃了自己的放映网而遭到灭顶打击，则不符合美国的整体利益；二是好莱坞的海外电影市场已经岌岌可危。所以，海斯建议政府推迟对巨型制片公司的指控直到"二战"结束后再说。最终，在派拉蒙法案正式判决中基于好莱坞对美国的经济影响，政府实际上冒着违反"反托拉斯法"的规定做出了部分妥协，使好莱坞制片公司自己的若干家影院得以保留为原来的1/3。美国电影协会的其他游说例子还有很多,如关于迪士尼"米老鼠"版权期限即将到期,美国电影协会成功游说法院通过了版权期限延长法案以及游说华盛顿政府采取各种外交和贸易手段与外国政府的电影保护政策作斗争等。

五、集体反盗版,维护版权

首先,集体法律诉讼反盗版。由于拥有版权的文化产品可以通过包装授权获得90多年的版税收入,因而版权就好比好莱坞影视产品的"生命线"。根据一份2006年美国电影协会(MPAA)发布的报告显示,好莱坞巨型电影厂商在2005年因盗版减少了61亿美元的收入。为维护好莱坞的核心利益,MPAA不遗余力地推行反盗版行动。2006年,它的反盗版行动已经波及70多个国家,中国、中国台湾地区、墨西哥和俄罗斯成为其反盗版的重点国家和地区。法律诉讼是MPAA强有力的武器。2004年MPAA起诉了约200名个人网络电影盗版者;2005年两家提供非法影视信息服务的大型搜索引擎服务器网站被MPAA告上了联邦法院,被判取缔网站以及个别经营者被判刑和罚款;2008年因败诉于电影协会,又一大型服务器网站(TorrentSpy)被判赔MPAA成员公司1.1亿美元的盗版损失;历经7年的MPAA针对加拿大大型热门服务器网站(IsoHunt)的法庭诉讼于2013年10月终于有了结果,IsoHunt与其他三个网站被美国联邦法院判决停止运营,并赔偿版权拥有者1.1亿美元的经济损失。

其次,技术和宣传教育反盗版。专门从事反电影盗版相关技术研发的电影实验室公司由好莱坞六大电影巨型公司于2005年9月联合成立,电影实验室公司已经或正在开发技术项目,比如配备电子密码的非法复制跟踪技术、数字水印追寻技术等;2006年,MPAA认识到反盗版应该从孩童抓起,迅速调整策略与SIFE,一个旨在培养未来全球商业精英,由全球42个国家的1700所大学组成的非营利性的国际组织进行合作,联合实施一项外延教育方案。MPAA为潜移默化地影响大学生们保护版权的意识,激励各国大学生为反击盗版行为献计献策,而专门赞助SIFE举办了反盗版竞赛项目(陈都,2008)。

第四节 本章总结

从治理机制来看，好莱坞的治理机制比较健全。从网络治理机制到协会机制、领导型企业机制和政府机制，从自治型到他治型，从柔到刚样样兼备；而且治理成本相对较低，主要是自治机制（网络治理机制、协会机制和领导型企业机制）起作用，政府机制是辅助；治理机制作用范围广、强度高。其网络治理机制并没有成为其扩张的阻碍，反而成为助推器，协会机制、领导型企业机制作用非常强大，政府机制也发挥了很关键的作用。

从治理结构的层级特征来看，好莱坞宏观治理结构比较合理。政府、企业和协会的地位和角色比较适当，企业始终是市场发展的主力军，政府和协会围绕影视企业的集体行动和经营环境提供必要的支持。影视集群的微观权力结构是从分散到完全集中，再到大部分集中（八大或六大巨型公司集中了大部分的权力）和少部分的分散（独立制片人只拥有少部分的权力），总体呈集中趋势的演化过程。而在集中的部分里，好莱坞巨型公司之间又存在权力的分散，电影协会是这部分分散权力的聚合器，权力的相对集中和分散有利于在集群战略决策过程中降低协商成本，增加决策的民主性和参与性，提高集体行动效率。

从好莱坞影视集群集体行动来看，由电影协会发起和组织或巨型公司自发联合的多种集体行动如海斯法典、分级制、建立共享的海外分销渠道、打击盗版、争取更好的政策环境等对维护好莱坞良好的集群发展环境、提高集群在海内外的竞争力起到了至关重要的作用。

从集群治理绩效来看，2011年美国的电影电视产业为美国创造了190万个就业岗位，产值1830亿美元，为美国联邦政府和地方政府创造税金167亿美元，占全球电影市场份额的80%。而好莱坞影视集群则是这一佳绩的主要缔造者。

第七章 主要结论、启示和政策建议

通过理论框架的构建，理论假设的形成和四个经典案例的经验验证，本书力图从中总结出我国文化产业集群治理的一些结论、启示，并在此基础上结合中国文化产业集群发展的总体实践提出相应的政策建议。

第一节 国内三个有代表性的案例比较研究得出的结论

一、治理机制方面

（一）治理机制总体不够健全，作用力不强

首先，如果将治理机制作用效果"弱"视为实际不起作用的话，无论是北京798还是西安曲江、浙江横店其治理机制都存在一些缺失。如北京798缺失了领导型企业机制，浙江横店以及西安曲江则缺失了非营利组织机制和协会机制。其次，有一些治理机制即使起到一定的作用，作用强度也太弱，亟待加强的治理机制也很多。如北京798集群治理中的非营利组织机制和协会机制均属于"弱中"，对集群负面行为抑制和正面行为促进作用十分有限；同样，西安曲江和浙江横店的网络治理机制急需从"弱中"和"中弱"得到相应的提升。根据集群治理机制对集群治理绩效影响的重要性打分结果来看，集群治理机制重要性排名依次是：

政府机制、网络治理机制、领导型企业机制和协会机制。政府机制被集群文化产业实践者认为是促进或阻碍文化产业集群治理绩效的最重要的机制，主要是因为三个文化产业集群同属于文化体制改革较早，政府的一系列扶持性的政策、法规机制释放了许多正面的"外部性"已经被人们所深刻认识到，但政府机制的作用还有待加强（如版权保护、税收支持）或调整的地方；网络机制作为自组织的、低成本的治理机制在文化产业集群中具有独特地位；领导型企业机制被认为是带动集群发展的重要力量，但三个集群都不同程度地表现出大型文化企业对中小微文化企业的挤压倾向，造成集群发展的离散状态；协会机制被忽视的一个重要原因是目前大多数文化行业协会属于官办或半官半民性质，缺乏信任基础，其真正的规范、服务功能还没有发挥，没有被广大从业者所认识。

(二) 网络治理机制、协会机制、非营利组织机制作用普遍较弱

在信任机制中，关系信任较弱，这比较符合文化企业网络高开放性、高流动性的特点。制度信任不够强，一方面是因为我国文化产业方面的法律法规还不够完善，执行中的随意性明显，普遍缺乏监督所致，同时对知识产权尤其是"版权"的保护力度远远不够；另一方面是由于我国法庭裁决成本较高，效率较低。交易信任取决于文化产业集群的分工程度、成员企业间的业务相关程度和价值链的长短；集群文化难以形成，跟集群发展阶段和发展周期有关。此外，集群文化、集体惩罚、声誉机制作用的发挥需要有准确的信息渠道和快速的信息传递，以及可接受的行为规范等条件，这些在很大程度上有待于协会机制的作用（信息源、协调、自律）发挥。三个集群的行业协会机制较弱，是导致网络机制黏合性作用不强的一个重要原因。目前，民办或外资非营利组织缺乏明确的法律地位，缺少政府的重视，公众尚待认识，亟待观念普及并且在文化产业集群发展中开展实践与发挥推广作用。

(三) 政府机制作用过度或不足

在政策激励方面，不同文化产业集群地位不同，享受的激励不同。如浙江横店影视实验区和西安曲江文化产业园区作为地区经济发展的经济支柱得到了中央、省、市（县）三级较大的政策鼓励，地方政府更是在土地、资金、财税政策

方面不遗余力地给予支持，显得有些"过度"。而北京798艺术区隶属于北京市朝阳区，虽然作为市区两级政府重视发展的示范园区，但所辖地区的政府在处理798艺术区原先制造业规划与现在的文化产业园规划的关系上始终是暧昧的，甚至是举棋不定的，由此影响到在对待入园企业与物业关系上时出现本末倒置；另外，北京798艺术区的经济产出有限，每年纳税不足一个亿，无法成为区域发展的焦点和中心，享受不到国家和地方的强力扶持政策，因而政策激励不足，园区发展所需的土地问题（物业垄断经营）始终得不到解决。一个深层次的原因是属地管理、行政逐级发包、分税制等体制以及政治锦标赛激励（官员晋升主要看地方经济发展程度）的动力，绑架了地方政府对文化集群产业发展规划与管理的取向（周黎安，2008）①。这样做的后果就是经济效益有待培育和提高，而社会效益表现在先前的文化产业及其集群有可能受到冷落，得不到更多投入或支持而陷入尴尬局面，经济效益较高的文化产业集群则可能"绑架"政府，占尽了优惠政策的好处。同时，地区之间展开经济竞赛，相互出台优惠政策吸引企业入驻，诱发文化企业"候鸟式"的迁徙，增加了不同地区或相邻地区集群之间横向合作的难度。这些都说明，目前地方政府的政策激励还摆脱不了短期的、不连续的缺陷。

法律法规供给不足，约束性过强或激励性不足是文化管理体制改革中长期存在的现象。在我国宪法中，与文化有关的规定都是以"文化事业"为中心的，对"文化产业"的规定无章可循。我国目前尚缺乏一部"文化产业促进"的基本大法，与将文化产业作为支柱产业的规划严重不对称。缺乏统领性的文化产业基本法，不仅阻碍文化产业门类立法的开展和完善，而且使集群发展前景变得不可预测，不利于各个集群制定发展规划和投资决策。目前涉及三个文化产业集群的法律法规除了《商标法》、《专利法》和《版权法》是全国人大制定以外，其他如《美术品经营管理办法》、《电影管理条例》、《电视剧内容管理规定》、《广播电视管理条例》、《网络游戏管理暂行办法》、《展会知识产权保护办法》等大都以部委颁发的"条例"、"办法"、"规定"等形式存在，立法位阶较低，法律效力较弱，在司法实践中存在很多不适应和无法操作的地方，有的甚至严重阻碍了文化

---

① 周黎安：《转型中的地方政府：官员激励与治理》，格致出版社、上海人民出版社2008年版，第311—321页。

产业集群的进一步发展。如《电影管理条例》、《广播电视管理条例》、《电视剧内容管理规定》、《美术品经营管理办法》中，关于电影电视剧内容立项、审查，电视台的对民营资本进入的限制以及关于中外合作拍片，艺术品展览、进出口审批等规定严重束缚了文化企业的创意、创新活动和竞争合作的积极性。再如，2015年1月1日起实施的国家新闻出版广电总局的部门规章"一剧两星"规定"同一部电视剧每晚黄金时段联播的综合频道不得超过两家"，① 以及互联网视听服务规定给相关集群影视企业经营带来了很大的不确定因素。此外，适应文化产业交易特性的税收制度也没有建立。文化产业相对其他产业在进项抵扣方面存在无法开立增值税抵扣发票的困境，进口关税也比国外高许多，如我国艺术品进口关税现为6%，但美国、英国、新西兰、中国香港等国家和地区进口关税为零，导致很多艺术品交易流失。

在竞争秩序和政策公平性方面，一方面，文化产业中的行业垄断现象依然十分严重，如存在进口影片发行垄断，电视台播出权垄断、民营表演团体无参与评奖资格等对民营资本的种种限制；另一方面，三个文化产业集群中不同程度地表现出大企业垄断经营的问题以及政府对不同规模企业扶持政策的不公平现象。如三个文化产业集群的中小企业反映，国家激励政策对于规模大、产值高的大企业有利，对于中小企业来说，这些优惠政策是"可望而不可即"。从长远来看，这种"抓大放小"的短视的政策不利于培育文化市场，不利于文化产业集群的持久繁荣和发展。

（四）领导型企业机制还没有发挥应有的作用

领导型企业是一个集群的中流砥柱，没有领导型企业的集群是很难抵御市场风险和建立强大的外部竞争力的。三个文化产业集群中，领导型企业机制不是"弱"，就是"不强"，都与集群治理的目标存在较大差距。经济全球化时代，集群竞争的范围大大拓宽了，竞争程度也越发激烈，领导型企业必须充分利用集群带来的弹性分工合作资源，组织集体行动，推动集群的产品升级、功能升级以及产业链升级，才有可能带领集群走出区域、走向全国、面向全球发展。西安曲江

---

① 中华人民共和国国家新闻出版广电总局，http://www.sarft.gov.cn/。

的"曲文投"和"陕文投"两大企业,在双重责任的角色下,无法发展成为适应于市场机制的领导型企业并在竞争中增强整合资源、扩大市场带动力的核心竞争力。在这方面,即使出身于草根的浙江横店集团在初期发展过程中依靠起步早出手快,捕捉商机的能力,获得了诸多发展优势,但在面临未来竞争更加激烈,经营更加艰难的全球化市场,如果不能树立现代意义的竞合理念,摆正不了基地成员之间竞争与合作中的平等关系,仅仅依靠"一支独大"的力量也是无法走得更远的。

二、治理结构不合理

首先,治理结构的不合理主要表现在集群宏观治理结构上。理论上,文化产业集群的发展应该建立在市场机制充分作用的语境下,政府理应作为秩序的营造者和集群的促进者的角色,协会作为协调政企关系、提供行业自律和服务的角色,企业担当好市场发展主体角色、集群发展的重要决策者和集体行动的领跑者。事实上,三个文化产业集群中的政府、企业和协会存在严重的地位不协调、角色不合理、责权相脱离的现象。三个集群治理主体互有"越位"、"缺位"、"错位"和"失位"等问题,从不同角度影响了集群发展及竞争与合作秩序,不同程度地阻碍了集体行动的发生和整体竞争力的提高。

其次,治理结构不合理还表现在集群微观治理结构上的不合理。主要体现在非文化企业(地产商)拥有集群发展的部分战略决策权,如北京798艺术区的"798物业"拥有关键的集群进入管理权;浙江横店和西安曲江的集群战略决策权在不同企业中的分布不平衡以及集群内企业参与程度差别极大等。

三、集体行动效率低和集群治理绩效不佳

从对国内三个有代表性的案例进行比较分析可以得出比较一致的结论是:由于治理机制不健全、作用力弱和治理结构不合理等问题存在,三个文化产业集群的集体行动数量少、作用程度低和双边合作水平较低,因而导致集体行动和双边合作效率低下,集群治理绩效普遍不佳。

第七章 主要结论、启示和政策建议

具体而言，文化产业集群的治理绩效可以从两个方面来衡量：一是社会效益，主要从集群的知名度、美誉度、生态改善、就业促进、公众素质培养、关联产业带动等方面进行评估；二是经济效益，主要从文化产业产值、增加值、增长率或税收的角度来衡量。

从社会效应来看，三个文化产业集群都具有良好的社会效应：如北京798艺术区成为外国人看中国的窗口，每年吸引游客近400万人，间接拉动旅游、商业等相关产业的增长，对提高国内公众的艺术素质和审美水平有很大的促进作用；西安曲江加大对各种交通、绿化、生态和艺术公共设施的投资，对于改善西安市民的文化休闲生活和提升城市品位都有很大的作用；浙江横店影视实验区对于带动"横漂（群众演员）"10000多人就业和当地城市化进程以及旅游业的发展也有重大的影响。

从经济效益来看，北京798艺术区的原创艺术家及其非营利机构不断受到物业和商业机构的挤兑，大多已被迫迁出，部分实力较弱的画廊经营机构也难以承受租金高企的压力而辗转到798周边地区，整个艺术区处于动荡变迁的状态。目前艺术区各类机构虽然有570家，但画廊占比较大而税收贡献较小，使得年税收不超过1亿元；西安曲江则是"大而不强"，缺乏内生增长动力。截至2014年底，曲江新区"曲文投"资产总额超400亿元，"陕文投"总资产超120亿元，累计入区文化企业3252家，但如此庞大的集团规模和园区规模其文化产业产出却小得不成比例：2012年和2013年文化产业增加值分别为36.2亿元、49.18亿元，增速分别为40%、34.6%；而浙江横店的"影视基地发展模式"缺乏创新和核心竞争力，也面临着被类似的"影视基地"挤压而增长趋缓的发展状态。具体而言：入区企业2013年、2014年分别是539家、586家，实验区影视产业年营业收入分别为92.67亿元、123.2亿元（不包括旅游收入），上缴税收10.8亿元和13.48亿元，而2012年实验区就有516家入区企业，营业收入78.11亿元，税收就已达9.64亿元。

总体而言，文化产业集群的治理绩效必须把社会效益与经济效益纳入一体双轮驱动，在重视社会效益的同时必须兼顾经济效益，否则文化产业集群就成为无源之水，重新回到财政包养的文化事业。目前，三个文化产业集群的发展由于集体行动效率低下，都面临着"增长乏力和效益不高"的问题。

第二节　美国好莱坞案例研究带来的启示

一、治理机制方面

(一) 总体治理机制更全面，作用更强，范围更广

好莱坞影视产业集群一百多年来，已经形成了影响范围更广、作用更强的集群治理机制组合。各种治理机制如网络治理机制、协会机制、领导型企业机制、政府机制以及非营利组织机制之间产生了取长补短、集体协同的效果，因而显现出治理成本更低、集体行动效率更高的优势。

(二) 普适性的制度信任和集群文化在网络治理机制中起主要作用

在更具专业化和分工弹性化的文化产业集群中，影视产品作为一项集体行动，多中心、多要素的活动和多地域之间的合作，高流动性人群特点十分突出。协调和保证高度复杂性的交易活动已经不能仅仅依靠关系信任或交易信任，而在法律信任基础上的制度信任才是更实用和更有效的合作保障。集群文化虽然作用巨大，但也存在适用范围的问题。好莱坞形成的集群文化强调电影的商业属性即强调电影的"娱乐属性"，淡化其"意识形态"功能。这一最基本和普遍的市场经营法则在好莱坞成为"信条"。集群文化促使好莱坞电影冲破了不同民族、不同宗教、不同文化国家的重重藩篱，在全世界建立起好莱坞的"无边界的娱乐帝国"。制度信任和集群文化构成好莱坞影视集群发展的"软硬兼施"的重要内容与方式，反过来也增强了交易信任、关系信任、声誉机制和集体惩罚机制的协调作用。

(三) 协会机制、领导型企业机制作用范围广且强大

好莱坞的协会机制"润滑"了政企关系，促进了企业与公众的沟通协调，提高了集群内部自律与合作，促使好莱坞集群文化的传承，这有利于缓和各种

压力团体对好莱坞的冲击,避免了政府对好莱坞的严格规制(审查),为好莱坞创造了更加宽松的经营环境。除此之外,协会对事关好莱坞集群整体发展具有关键性意义的国内外市场信息和产业政策进行收集和分析,在集体行动开展方面起到了至关重要的作用。诸如打击盗版,保护知识产权;游说政府出台有利于好莱坞的法规政策;为好莱坞利益而采取必要的行动如联合企业共同抵制海外的政策限制;加强与海外政府及国际组织的沟通,解除好莱坞外向发展的"瓶颈"等。

好莱坞的原八大巨型公司和现今的六大巨型公司在集群中的作用始终是非常重要的。在市场需求多变、风险居高不下的影视文化产业中,领导型企业具备的卓越的协调能力和战略调整能力,使得集群发展能够更加平稳和健康。好莱坞领导型企业在协调整合好莱坞集群资源的同时,不断整合全球影视资源为己所用,成为全球影视价值链的核心协调者和控制者。

(四)政府机制作用更稳定和持久

好莱坞的政府机制在国内主要体现在健全的法律和法规以及健全的法庭机制上,其作用更全面、更稳定和更持久。美国宪法第一修正案从根本上保障了文化产业发展的宽松环境。在好莱坞集群发展过程中,无论是"派拉蒙法案",还是"财—辛法案",都是为了维护公平的竞争环境,促进市场机制功能的正常发挥;无论是不设立全国统一的"电影检查法",还是修改"联邦通信法",都是创造文化产业宽松的经营环境和氛围;无论是修改数十次的《版权法》还是根据时代的变化增加新的知识产权保护法规,都是为了保证文化产业的生命力和创新的活力。建立健全的法庭审判裁决机制,促进法律、法规的有效实施,特别有助于建立集群企业间的制度信任。在好莱坞全球扩张中,政府机制主要表现为更加灵活的外交、贸易政策以及减税政策和间接提供资金、保护知识产权等。好莱坞更稳定和持久的政府机制赋予了好莱坞产业发展的可预期前景,更有利于好莱坞的长远发展。值得注意的是,好莱坞影视集群中地方政府机制除了在减税方面起到一定的作用外,总体作用范围和作用程度要远远小于联邦政府机制。

（五）非营利组织机制作用独特

好莱坞影视产业集群中的非营利组织对好莱坞的作用不是提供资金或购买服务，而是提供对优秀作品、电影人的评选和表彰，创造无形产品的价值标准，创造市场期望价值，以及帮助形成声誉和发挥声誉机制的作用，为好莱坞的集体行动提供了方向和动力。

二、治理结构比较合理

首先从好莱坞的宏观治理结构来看，政府、协会和企业三大主体权力关系非常均衡和合理。企业是集群发展的核心决策者，协会是成员企业的利益代表，主要角色是协调政企关系，建立行业自律以及服务于成员企业。政府作为"守夜人"的角色充当无形之手，不直接干预集群企业的发展，主要职责在于制定法律、法规，维持正常的市场竞争秩序，保护知识产权，在特定情况下如好莱坞海外扩张受阻或遭遇发展的低谷时，政府采取外交、贸易谈判以及减税等措施帮助好莱坞渡过难关。另外，中央政府和地方政府的角色、权责配置的比较合理也是好莱坞不断发展的良好背景。

微观治理结构也比较合理，好莱坞不同类型的企业分属不同的协会，在各自的协会中享有比较均等的集群决策权和较高的参与程度。

三、集体行动效率较高，治理绩效较高

在第六章关于好莱坞发动集体行动方面的论述中我们可以看出，协会机制和领导型企业机制起关键作用，尤其是协会机制。因为，领导型企业虽然有足够的能力去组织集体行动，但要耗费太多的时间和精力，而且不同的领导型企业之间还有一些利益矛盾，所以成功的集体行动还是需要代表他们共同利益的协会来进行协调和实施。由于好莱坞健全的治理机制和良好的治理结构的作用，导致集群集体行动效率较高，从而治理绩效也较高，这一点从好莱坞在世界电影市场上的地位可见一斑。

四、机制和结构动态发展变化

好莱坞是一个不断演化的影视文化产业集群,它历经百年沧桑,经历了各种发展时期。在集群刚刚形成的时候,治理机制比较单一,治理权力比较分散;进入成长期后,好莱坞八大巨型公司成立,其治理结构变得很不合理,权力过度集中,出现对集群长远发展不利的局面,相关机制应势而生,导致好莱坞垄断权力的瓦解;进入成熟期后,好莱坞各种机制作用范围更广,治理结构越来越合理,集体行动效率越来越高,集群治理绩效也越来越好。总之,好莱坞的集群治理机制和治理结构是其不断发展和适应外部环境的产物,具有动态性和适应性。这些适应性调整同样也在每个发展阶段中经历了挫折,其中深刻地反映出:文化产业集群的治理需要在机制与结构共同作用下提高集体行动效率,必须要通篇考虑、整体协作、重心明确,还需要事前的协议、事中的充分沟通与调整,以及事后的战略升级等。

第三节 根据中国文化产业集群发展实际提出相关政策建议

我国文化产业发展起步较晚,方方面面还处于社会主义特色市场经济基础上的探索初期,许多新生事物有待深入持久的研究,特别是针对我国文化产业集群发展的国情还有很多空白有待开发。在我国文化产业体制改革不断深化的背景下,根据对国内三个典型案例比较研究得出的结论和好莱坞影视集群案例研究的启示,本书将提出一些改进我国文化产业集群治理的相关政策和建议。

一、政府机制转变

第一,必须要转变政府对文化产业集群的"治理观念"。目前,文化行业主管部门还对文化产业抱持着"意识形态"属性的标签,观念相对保守,宁愿无所作为也不愿踩上"红线"。各级政府对待文化产业同样是小心翼翼，不敢放松对"文化产业型"集群的监管。针对以上现状，本书认为政府对文化产业和文化事业应有功用上的明确界定并实施相应的支持方式和监管政策。对文化产业的治理必须要强调将"经济效益"放在首位，兼顾"社会效益"的价值准则；而对文化事业的治理则必须把"社会效益"放在首位，兼顾"经济效益"的评价。在政企分开、职能转变、简政增效的改革中，需要培育大量的社会中介组织协调政企关系，促进新型政企关系的形成。政府通过发展非营利组织的方式来支持文化事业，给予较高的资金、税收支持，并探索推出新型有效的监管体系；而对文化产业集群的发展则应当出台更多的支持性的法规、政策，加强文化行业协会的作用并改革和推出更有利于企业发展的监管方式和方法，尤其在文化企业集群参与国际竞争时应伴有政府强有力的后盾。其次，转变治理观念还意味着政府变"集群管理"为"多元主体合作治理"的理念。本着尊重和平等的态度与集群内各主体"协商"有关集群发展的共同问题，以求达到决策过程的民主性、参与性的提高和文化产业集群的集体效率的改进。

第二，减少过于"软"的政策规章，制定并有效实施更为稳定和持久的"硬性"法律法规，为文化产业集群中的企业提供更加可预测的行动前景和增强集群的制度信任机制。法律法规要真正"硬"起来，一是要建立完备的版权保护法律体系，而且必须与时俱进，不断修订和完善，在立法上要"硬"起来。我国1991年颁布的《版权法》，至今才修订过两次，正在进行第三次修订，与数字时代、网络时代、信息时代等新形势下的要求还很不相称（赵双阁、李剑欣，2014）。二是要加强行政机构对版权的落实机制和版权保护执法机制，在执法上也要"硬"起来。三是要加快《文化产业促进法》、《行业协会法》以及《非营利组织法》等法律法规的出台和实施，使文化产业发展更可预期，明确行业协会、非营利组织的角色和地位，在文化产业集群发展中发挥好政府与企业之间的中介和服务的功能。四是还需修订目前的税收方面的法律法规，制定专门针对文化企业的税收核算制度以及出台相应的税收减免法律，"放水养鱼"以促进文化产业集群健康和持续的繁荣发展。

第三，转变政府行业监管的"硬"规制向"软"规制发展。文化产业集群不同于制造业集群的地方是文化企业面对行业主管部门多种多样的"审查"与"审

第七章　主要结论、启示和政策建议

批"。审查项目过多而且审查者不专业（外行领导内行），致使艺术表现力严重受挫，创作者的创意和创新受到遏制甚至是打击，以至于很大程度上束缚了文化企业的生产经营积极性。因此，放松监管或改变监管方式十分必要。强化协会的自律功能和文化产品（影视产品）分级制的推出，使艺术的表现力和产业的市场空间更加多元化和富有外部竞争力。

第四，转变"条块分割的政策体系"为加强"地方为主"的集群政策体系。目前，许多比较成功的文化产业集群大都采取中央、省、市（县）三级政策，中央政府与地方政府的"条块"政策可能存在叠加或冲突的地方，政策落实机构也因此会出现职能交叉和矛盾，最后导致"都在管，都管不好"的局面。从文化产业集群发展的现实来看，中央政府在集群发展所需的法律法规上具有优势，而地方政府在集群发展所需的灵活的土地、财政政策上有优势，二者本应是互补关系而不是重叠关系，主要问题在于中央缺乏制定法律法规的信息，而地方了解情况但又缺乏相应的权力。二者的矛盾的化解是中央政府向地方政府分权，地方政府除了享受行政权、经济发展权之外，还应享有部分经济立法权、税收减免权等。但是需要注意的是，在中央政府向地方政府放权后，如何避免地方权力过大而导致"政治锦标赛"的继续上演，因此，必须同时要加大地方各种监督机构如人大政协代表、社区公众、集群企业、新闻媒体的监督权和制衡权，否则还会造成地方政府过度介入和文化产业集群发展重量不重质、文化企业"候鸟式"迁徙的局面。

二、加强集群协会机制和领导型企业机制的建设

首先，加强集群协会机制的行业自律作用，便于政府适时取消或下放某些"内容审查权"、"审批权"，一方面可以保护集群文化会员企业创新创造的积极性和艺术生命力；另一方面可以代理政府行使行业监管和维护行业秩序的职能，为政府"减负"。其次，代表文化会员企业的利益沟通政企关系，使政府制定出更合理和更有效的文化产业集群发展所需的法律、法规和政策。再次，可以利用多种形式发布行业相关信息，提供参考性市场动态，向会员提供可相互借鉴的信息，增强会员企业之间的沟通交流，协商可接受的行为规范，有效担当调解企业

纠纷的角色，以及对违规者实施集体惩罚等，这些可促使集群文化的形成，建立成员之间的信任机制，并发挥集群整体声誉机制的正向作用。最后，加强协会机制作用有助于形成民主决策和组织实施集体行动。针对文化产业集群发展的重大战略问题或"瓶颈"问题，集群协会快速反应，召集集群成员以及政府、社会相关人士商议对策，制定集体行动方案并组织实施。如打击盗版、集体创新，集体营销等。加强协会机制的建设还有助于三个文化产业集群走出当前的治理困境，如增强798北京画廊协会的作用，游说上级政府处理798物业"蛮横"经营问题和维护艺术品市场的经营秩序；在浙江横店，加强协会机制作用能够制衡"土豪"（横店集团）对自由竞争的破坏和有效地保护版权；在西安曲江，增强协会机制的作用有助于化解"强势"政府机制对市场机制的破坏。总之，加强行业协会机制的建设首先应建立在政府职能转变的基础上，从而促进文化体制的深化改革。

领导型企业机制在集群中的作用犹如龙头，其发展战略和成败严重影响集群的繁荣或衰败。但"独木难成林"，加强领导型企业机制建设不是仅仅围绕"领导型企业"的需求来量身打造适合的政策，而是要培养更多的领导型企业。其中必须要确立一个导向问题，那就是扶"大"还是扶"小"，扶"强"还是扶"弱"。在好莱坞，巨型制片商很容易从银行、风险资本家那里获得资金，而独立制片商资金匮乏，经常需要自筹资金进行电影制作，但比较容易获得政府基金会如国家艺术基金会的资助，独立制片商后来成长为主流巨型制片商的也不在少数，如"迪士尼"。必须要改变和完善政府目前对文化企业的支持政策，统筹兼顾不同规模企业的利益及差别性需求，通过不同的形式妥善处理"锦上添花"与"雪中送炭"的关系。此外，协会机制可以为优秀的企业凝聚更多的资源和能力，打破发展"瓶颈"，发展成为领导型企业创造条件；当然，领导型企业机制的建设主要是靠企业自身在市场经营中增强驾驭市场的能力和创新经营能力，在竞争中不断壮大实力。

三、建立以自治为基础的多层次机制体系

根据好莱坞的治理经验来看，集群本身是一个自下而上的发展路径，其治理过

程主要是一个自发和自治的过程,在此过程中政府机制适当介入,能够修正负面机制作用,促进正面机制增强。因而,对我国大量"自上而下"的文化产业园区治理来说,治理机制从"外生"转向"内生"更具重要意义。首先,治理机制从政府机制到协会机制、非营利组织机制、领导型企业机制和网络治理机制的转变是一个治理成本不断下降的过程;其次,也反映了我国集群发展由政策驱动转向市场驱动的过程,市场机制始终是集群发展的基本推动力,治理机制体系的存在就是要弥补市场机制的不足,协调各方矛盾,促进集体效率的发挥。随着国家治理体系的变革,政府职能转变,政府机制的作用将作为"保障"和"补缺"位置存在,促进协会机制和非营利组织机制作为"润滑"和"组织"的作用得以正常发挥,领导型企业和网络治理机制的"主导"作用必将上升到一个新的台阶。建立以自治为基础的多层次机制体系必须要加强网络治理机制的建设,尤其是要增强制度信任、声誉、集群文化的建设,而这些又有赖于政府法律法规机制的"硬功夫",和协会自律、服务的"软功夫"。

四、加大文化体制改革的力度,不断推动宏观治理结构的合理化

建设文化产业集群,必须不断增强宏观治理结构的合理性,即改变政府在集群建设中的强力控制或随意支配的失控,关键是建构政府、协会与企业三大主体之间在集群网络权力中的分布状态,做到责权利的平衡和统一,同时改变或创新更加协调有效的机制关系。在文化产业集群的治理结构中,不能仅从政府的角度纠正"缺位"、"越位"、"错位"和"失位"等问题,同样也应在共谋发展的合作中充分考虑到企业与协会在关键决定与行动中的"缺位"、"越位"、"错位"和"失位"等问题。必须要深化文化体制改革,转变政府职能,使政府从直接介入文化产业的发展领域,回归到维护竞争秩序、提供法律法规和保护知识产权等公共服务领域;与改革密切相关的文化行业协会必须从附属性的"二政府"或摆设中解脱出来,使协会返回民间,真正发挥在产业集群发展中的自治服务、上挂下联和"穿针引线"的功用;坚决树立起文化企业的市场主导地位,使之在坚持弘扬社会主义文化核心价值观的发展中成为独立自治、敢于担当的市场主体。

强化文化体制改革的内容与进程,行政体制改革是核心与攻坚环节。在改革

开放的30多年的历程中，行政体制及政府职能转变始终是改革的重心与难点，其中，文化体制改革又是难中之难。从中国的实际出发，多年来对行政体制的改革基本上走出了一条先易后难的路子。如在政府职能的转变内容及步骤上，我国通常采用的是先简政放权探路再跟上政府职能转变的方式方法，先后进行了精简机构、政企分开、厘清职能等阶段性改革，直至21世纪第二个十年初中共十八大确定了"政社分开"的新亮点。加强文化体制改革必须真正做到政企分开和"政社分开"，为我国文化行业协会的蓬勃发展，以及文化企业成为市场经营自治主体奠定了坚实的基础。而要使文化行业协会成为真正自治的团体，必须在"政社分开"中做到：行业协会摆脱附属于政府的地位和褪去政务的色彩，在法律上明确其中介服务和非营利性组织的地位；政府放权内容也包括社会团体实行直接登记注册制，协会成立无须业务主管部门的审批等，把不该管、管不好的权力转移到协会；协会以服务作为立身之本，真正做到沟通政企、维护行业自律、会员企业的合法利益、提供经营信息和组织集体行动。

深化文化体制改革，也包括处理好中央政府和地方政府、中央文化行业主管部门和地方文化主管部门的"集权"和"分权"的问题。要改变地方政府"经济发展换升迁"的政治锦标赛，促进区域集群之间的特色发展和合作创新，改变政府对集群投入过度或不足的现实，从根本上需改变中央政府对地方政府以经济考核为主的激励内容和监管方式。改变属地任务行政发包和财政分成等过度"分权"的形式，同时又要防止新一轮的"集权"发生的苗头。多年来那种"一收就死，一放就乱"的公共行政管理困境，凸显了"集权"观念下地方政府缺乏激励、中央政府管理效率低下，以及"分权"观念下地方政府"拣肥丢瘦"争抢资源、参与市场的冲动，以及中央政府对地方政府监督效果频频打折等问题。借鉴多中心治理理论，在政府公共服务中引入社会竞争力量，加强行业协会或非营利组织的力量，把政府不便管或管不好的事情移交给社会中介组织去办，有助于解决"分权"下中央政府对地方政府缺乏监督（信息）的问题，同时有助于地方政府把精力和资源放到提供公共秩序和良好的发展环境上来。同样，中央文化行业主管部门与地方文化主管部门之间的分权问题的解决也有赖于文化行业协会以及非营利组织的强大支撑。

强化集群协会功能实质上是在政企之间加入了一个权力制衡工具。一个强大

第七章 主要结论、启示和政策建议

的协会的存在和发挥作用,既可以有效防止政府对集群发展的过度介入或介入不足等机会主义行为,也可以协助政府维护市场秩序,约束企业的负外部性,在企业和政府之间寻求利益的平衡。在文化产业集群治理权力结构中,政府权力的指向是进行制度的供给,是产业秩序的维护者和集群发展的促进者;协会权力的指向是政企利益关系的协调、企业自律的监督、企业公共需求的服务提供以及集体行动的组织;企业权力的指向是市场经营、税利创造以及集群发展的主体基础。深化文化体制的改革表现在集群发展上,就是三者的关系相互依赖、相互制衡、相互促进,共同推动集群发展和效益的不断提高。

五、不断充实和提高集群集体行动的能力

集群治理的成效是形成和加强集体行动和双边合作的改善,进而提高集群的治理绩效。第五章的内容指出对集群治理绩效影响较大的集体行动项目分别是创新、人才培养、营销和国际化等,明确了集体行动项目的重要性,但更重要的是,提高文化产业集群集体行动的能力。创新是文化产业的生命力,文化产业是一个智力、资金密集的产业,许多产品的生产周期长、成本高,要出精品成本就更高了。比如,好莱坞叫好又叫座的电影大片,每制作一部费用在1亿元的电影,就需要1亿元与之配套的营销宣传费用,否则就难以达到相应的效果。如此大的投资及其伴随的风险,除了极少数实力特别雄厚的公司,一般企业是难以承担的。即使是好莱坞的巨型公司,面对耗资巨大的作品也往往首选联合投资的方式,以防单打独斗带来的不测。所以,联合创新或集体创新是文化产业集群发展的一大趋势。文化产业的创新不仅依靠资金与合作,更重要的是依靠各类人才的集结和培养。我国文化产业起步迟,牵扯多,教育迟滞,专业人才十分缺乏。首先,文化行业的人才特质比较特殊,它强调"不拘一格,打破常规"的逆向思维或发散思维,与一般制造业人才有很大的区别。它往往出自草根,这也使圈子里的人产生一种错觉,似乎优秀的明星是来自实践而不是课堂,好莱坞发展了几十年才出现了专门的电影艺术学校的事实,好像也给出了证明;我们从三个文化产业集群很少与大学科研机构进行合作的调查中也看出了对人才重视不够的问题。当然,我国的大学官办体制也是一个问题,很多学校重科研导向轻应用作为,不

愿意或没有动力开展校企合作。其结果不仅是中国艺术学院的学生，连美国艺术学院的学生毕业后，都必须到某个著名的行业公司"回炉"再造几年，才能逐渐适应市场需求多变的文化产业市场。从人才培养的方式和主体上看，由文化集群内的协会组织集群内的"行家里手"开展附属性的社会办学、为有人才需求的企业进行集体培养，既是一条快出人才出好人才的路径，也是提高办学规模效益的补充形式。

文化产业生产成本高、渠道开发投资大，促销费用更是高，而且实现市场价值的风险也极大。在我国许多中小企业势单力薄，甚至连参加展会的必要费用都无法承受。这说明一个好的文化产品的创意，从制作到终端消费需要相关机构与人员的通力合作，其中少不了合作营销。文化产业集群为合作营销提供了"近水楼台"，但企业之间必须在共同认可的相关契约下联合起来共享营销渠道带来的优先与优惠，才能降低风险投资、化解价值实现的风险。好莱坞在海外联合发行，既共享了资源，又避免了互相残杀的成功经验，值得我们去学习和借鉴。我国文化产业集群开展集体营销，尽快开拓国际市场并且积极参与全球竞争，必须强化集群营销与国际化理念与动作。为避免或弱化"搭便车"等负效用干扰，不同类型、不同规模的企业可以分别组织自己的协会，边探索边总结，以较少的代价获得有效的经验。比如好莱坞的巨型片商协会和独立制片商协会，以及北京798画廊协会和商户商会等在组织集体行动中都获得了很好的经验。当代市场上，协会集体组织开拓国内市场和国际市场，共担风险共享收益，已经成为成功的模式。

总之，我国文化产业集群治理的理论和实践还处于探索阶段，无论是治理机制还是治理结构的完善，都将是一个比较长期的过程，集群内部双边合作和集体行动效率的改善，以至于最终治理绩效的提高也将是一个循序渐进的过程。希望本书构建的文化产业集群治理的理论框架和对理论框架的经验验证能够给当今中国文化产业集群的治理带来一些启发和参考。

附 录

附录1：文化产业集群（文化产业园区）治理机制和双边合作调查表

一、调查说明

本调查问卷旨在了解文化产业集群治理中相关治理机制存在与否及作用程度，以及企业之间双边合作类型和程度。

文化产业集群（文化产业园区）：是指在文化产业领域中，大量联系密切的企业及相关支撑机构在空间上集聚所形成的竞争与合作的聚合体。

文化产业集群治理：是指协调集群参与者权力分布、交互行为的各种治理机制的组合，其目的是形成集体效率（协同效应），构建集群可持续竞争优势。治理机制是其重要内容。

治理机制：是协调各方利益，促成集群良性竞争和有效合作的法规政策、习俗、文化、规则等正式的或非正式的制度或安排。

您的支持和配合将是推进我国文化产业集群治理研究及政策建议的重要构成部分。请企业资深经理、协会、管委会或参与集群治理的相关人士填写。

您所提供的所有信息都将受到严格的保密使用。

感谢您的支持与配合！

二、调查内容

1. 贵公司选择集群内的合作企业倾向于?(　　)(单选)
   A. 长期合作(一年以上)　　B. 临时合作(半年以下)
   C. 兼而有之

2. 贵公司与文化产业集群内其他企业之间是否存在如下个人关系?(　　)(可多选)
   A. 亲戚关系　　　　　　　B. 朋友关系
   C. 同学、同事关系　　　　D. 同乡关系

3. 贵公司觉得以下因素中,哪些可以促进合同的实施?(　　)(可多选)
   A. 法律　　　　　　B. 当地政府　　　　C. 协会
   D. 其他　　　　　　E. 任何第三方都无法促进

4. 如果企业间有纠纷,贵公司倾向于选择解决纠纷的方式?(　　)(可多选)
   A. 仲裁　　　　　　　　　B. 法庭裁决　　　　　C. 私下协商解决
   D. 协会(商会)调解　　　E. 领导型企业调解　　F. 其他_____

5. (1) 贵公司否容易知道文化产业集群内其他企业发生纠纷的信息?(　　)(单选)
   A. 是　　　　　　　B. 否　　　　　　　　C. 不清楚
   (2) 如果选"是",贵公司一般通过什么渠道了解相关信息?(　　)(可多选)
   A. 朋友聚会　　　　B. 行业协会处　　　　C. 自然而然就知道了
   D. 政府处　　　　　E. 其他_____

6. 贵公司会不会和文化产业集群内有违约责任的企业合作?(　　)(单选)
   A. 会　　　　　　　B. 不会　　　　　　　C. 不确定

7. (1) 您认为文化产业集群内企业之间有没有形成共有的价值观念或行为规范?(　　)(单选)
   A. 有　　　　　　　B. 无

(2) 如果有，是_____（请用简单的一两个词描述，如团结、开放、创新、信任、自由共赢、共创、冒险、封闭、冷漠、单打独斗等）

8. (1) 请问文化产业集群内有没有领导型企业（影响力很大的企业，无论是规模还是能力都领先于集群内其他企业，并对其他企业带来有形或无形的好处）？（　　）（单选）

   A. 有　　　　　　　　B. 无

   (2) 如果有，您认为领导型企业对贵公司及文化产业集群有什么影响？（　　）（可多选）

   A. 吸引大的金融机构及风险投资机构，帮助中小企业筹集资金

   B. 有利于吸引市场人气，推动国际化

   C. 有助于联合投资改善文化产业集群教育、培训及行业知识、信息的交流的基础设施

   D. 有助于集群品牌形象提升

   E. 投资完善文化产业集群创新基础设施

   F. 作为文化产业集群对外交流和联系的纽带

   G. 对当地文化产业发展的规模、结构升级、创新带动等，起着导向作用

9. (1) 请问贵公司有没有参与到某种协会（商会）中？（　　）（单选）

   A. 有　　　　　　　　B. 无

   (2) 如果有，请问您认为集群行业协会（商会）的对贵公司的作用有哪些？（　　）（可多选）

   A. 组织参加展会等国内外营销推广活动

   B. 行业内信息传递和集群对外联络的中介

   C. 制定行业标准、规范，传达政府方针政策，维护市场竞争秩序

   D. 组织关于行业通用技术的培训

   E. 企业间发生纠纷时，作为第三方参与协商解决

   F. 代表行业，向政府争取利益

   G. 筹集资金

   H. 没什么用

10. 您认为政府对企业的帮助有哪些？（　　）（可多选）

A. 出台相关的激励政策（财政、税收、人才、创新），鼓励行业发展

B. 出台法律法规，保护版权和维护市场竞争秩序

C. 完善集群公共基础设施建设（硬件）

D. 推动集群创新，完善公共服务平台（软件：培训、技术、知识产权交易中心）

E. 作用不明显

11. 贵公司与文化产业集群内其他企业或机构的合作项目？（　　）（可多选）

  A. 知识、信息交流　　B. 人才培养　　C. 营销与品牌推广

  D. 创新合作　　E. 融资合作　　F. 国际化合作

12. 贵公司与高校科研机构的合作有哪些？（　　）（可多选）

  A. 人才培养（教育培训）　　B. 创新支持

  C. 知识、信息交流　　D. 其他

13. 贵公司的人才和技术来源？（　　）（可多选）

  A. 大学和科研机构　　B. 自己培养和开发

  C. 协会　　D. 市场招聘和购买

  E. 联合培养和开发（与其他企业或大学科研机构）

14. 贵公司的资金来源？（　　）（可多选）

  A. 银行等传统金融机构

  B. 风险投资（给企业投资，持有企业股份并参与企业管理的企业）

  C. 自筹　　D. 政府

  E. 行业协会（商会）　　F. 非营利组织（基金会）

  G. 亲戚朋友

15. 贵公司与文化产业集群外的企业或机构之间合作的联系纽带是什么？（　　）（可多选）

  A. 领导型企业　　B. 政府

  C. 行业协会（商会）　　D. 非营利组织

三、被调查者信息

单位名称：_____

职位（职务）：_____

姓名：_____

电话：_____

加入文化产业集群的时间：_____

附录2：文化产业集群（文化产业园区）的集体行动及重要性的调查表

一、调查说明

本调查问卷旨在了解与文化产业集群治理相关的集体行动问题以及影响集体行动效率的相关因素的重要性。

（一）名词解释及说明

1. 集体行动

集体行动是指由企业、科研机构、大学、行业协会以及地方政府、非营利组织共同参与（或部分参与）的有利于文化产业集群发展的活动。

2. 集体行动项目

集体行动项目如创新（如官、产、学、研合作开发新技术、新产品）、人才培养（产、官、学或协会合作教育培训）、营销（联合营销，推广企业自身品牌或集群品牌，集体开发市场）、融资（合作筹资）、国际化（集群企业和机构联合开拓国外市场）等。

3. 文化产业集群的治理绩效

文化产业集群的治理绩效是指由文化产业集群内的集体行动和双边合作带来

的集体效率。

4. 集体行动效率的影响因素

集体行动的影响因素主要是对集体行动会产生正面或负面影响的因素，包括：

领导型企业：指对集群发展具有重要影响的企业，不仅指规模的大小。

行业协会：包括商会、行业联合会等，一律用行业协会代替。

政府：制定和实施法律法规政策的各级政府部门，也包括政府的派出机构如文化产业集群管委会。

非营利组织：指除协会以外的非营利艺术组织和基金会等。

信息沟通：指企业、机构之间就集群发展问题和集体行动项目展开的各种形式的集体讨论。

监督：指个别企业或机构在集群发展以及集体行动中的话语权。

（二）测量方法

采取打分制，从1分（最不重要）到5分（最重要），请在每一个选项下打√
您的支持和配合将是推进我国文化产业集群研究与发展的重要基础。
您所提供的所有信息都将受到严格的保密使用。
感谢您的支持和配合！

二、调查内容

（一）以下集体行动项目与集体行动问题（如机会主义、"搭便车"）的相关性以及对治理绩效的重要性

集体行动项目	与集体行动问题相关性		对提高集群治理绩效的重要性				
	是	否	5分	4分	3分	2分	1分
创新							
人才培养							
营销							
融资							
国际化							

附 录

（二）各因素对总体集体行动效率以及对各个集体行动项目效率的重要性

1. 各因素对总体集体行动效率的重要性

因素	重要性				
	5分	4分	3分	2分	1分
政府					
领导型企业					
行业协会					
非营利组织					
信息沟通					
监督					

2. 各因素对创新项目效率的重要性

因素	重要性				
	5分	4分	3分	2分	1分
政府					
领导型企业					
行业协会					
非营利组织					
信息沟通					
监督					

3. 各因素对人才培养项目效率的重要性

因素	重要性				
	5分	4分	3分	2分	1分
政府					
领导型企业					
行业协会					
非营利组织					

续表

因素	重要性				
	5分	4分	3分	2分	1分
信息沟通					
监督					

4. 各因素对营销项目效率的重要性

因素	重要性				
	5分	4分	3分	2分	1分
政府					
领导型企业					
行业协会					
非营利组织					
信息沟通					
监督					

5. 各因素对融资项目效率的重要性

因素	重要性				
	5分	4分	3分	2分	1分
政府					
领导型企业					
行业协会					
非营利组织					
信息沟通					
监督					

6. 各因素对国际化项目效率的重要性

因素	重要性				
	5分	4分	3分	2分	1分
政府					

续表

因素	重要性				
	5分	4分	3分	2分	1分
领导型企业					
行业协会					
非营利组织					
信息沟通					
监督					

三、被调查者信息

单位名称：_____

职位（职务）：_____

姓名：_____

电话：_____

加入文化产业集群的时间：_____

附录3：文化产业集群（文化产业园区）治理机制对治理绩效影响的调查表

一、调查说明

测试文化产业集群治理以及当地治理对文化产业集群绩效（治理绩效）的影响。

测试影响文化产业集群治理绩效的各种治理机制的重要性程度。

您的支持和配合将是推进文化产业集群发展的重要基础。

您所提供的所有信息都将受到严格的保密使用。

感谢您的支持和配合！

二、调查内容

（一）治理和当地治理对文化产业集群绩效（治理绩效）有无影响的判断，请在选项下打"√"

不同的治理对文化产业集群的绩效有不同影响	不同意	同意	无观点
文化产业集群治理绩效是来自市场力量和全国性（国际性）政策作用的结果，而当地治理没有太大的影响	不同意	同意	无观点

（二）影响文化产业集群治理绩效的治理机制因素，请在选项下打"√"

信任机制的存在，有助于提高文化产业集群治理绩效，因为可以降低文化产业集群交易成本，促进合作	不同意	同意	无观点
协会自治机制的存在，有助于提高文化产业集群治理绩效，因为可以降低文化产业集群交易成本，促进合作与良性竞争	不同意	同意	无观点
根植性的领导型企业机制的存在，可以促进合作和创新以提高文化产业集群治理绩效	不同意	同意	无观点
各级政府的法律、法规和政策可以规范竞争、保护版权，降低交易成本和促进合作，提高文化产业集群治理绩效	不同意	同意	无观点
非营利组织机制的存在，可以促进文化产业集群企业合作，降低交易成本，提高治理绩效	不同意	同意	无观点

（三）文化产业集群各治理机制因素及对治理绩效的重要性

治理机制因素	对治理绩效的重要性				
	5分	4分	3分	2分	1分
政府规制					
信任机制					
领导型企业机制					
行业协会自治机制					
非营利组织					

注：采取打分制，从1分（最不重要）到5分（最重要）。

三、被调查者信息

单位名称：_____

职位（职务）：_____

姓名：_____

电话：_____

填写人加入文化产业集群的时间：_____

附录4：三个国内案例的重要访谈资料来源

序号	受访者，单位及职务	访谈地点	访谈时间
1	高书生，中宣部"文改办"副主任	"文资办"	2014.11.4
2	张晓明，中国社会科学院文化研究中心副主任	文化研究中心	2014.11.5
3	张国华，北京798管委会主任	北京798	2014.7.10–12
4	程昕东（法籍华人），北京画廊协会会长	北京798	2014.7.11
5	杨经理，七星物业	北京798	2014.7.4
6	李经理，佩斯北京（美国）	北京798	2014.7.5
7	张总，尤伦斯艺术中心（比利时）	北京798	2014.7.6
8	吕静，零艺术中心副馆长	北京798	2014.7.6
9	冯颖，空间站执行总监	北京798	2014.7.6
10	张强，太和艺术空间总监	北京798	2014.7.5
11	台双垣，和画廊的老板	北京798	2014.7.6
12	裴莉莎、付先生、程昕东，国际艺术中心经理助理及工作人员	北京798	2014.7.1–2
13	高曰文，高氏兄弟工作室艺术家	北京798	2014.6.17
14	金增贺，金增贺工作室艺术家	北京798	2014.7.7
15	杨树峰（美籍华人），新太阳美术馆老板	北京798	2014.7.10
16	许明伟（台湾），朱炳仁博物馆总监	北京798	2014.6.28
17	程女士，798外贸出口瓷器店老板	北京798	2014.6.27

续表

序号	受访者，单位及职务	访谈地点	访谈时间
18	厉红亮，浙江横店影视实验区管委会主任	浙江横店	2014.8.11
19	徐长征，横店影视产业协会副会长，横店集团总裁助理	浙江横店	2014.8.11
20	吴晓东，横店影视城办公室主任	浙江横店	2014.8.13
21	王德军，横店影视城总经理	浙江横店	2014.8.12
22	郭晟梅，横店影视实验区管委会产业发展局局长	浙江横店	2014.8.12
23	谭总，欢瑞世纪影视传媒股份有限公司	浙江横店	2014.8.11
24	左兵顺，左氏影视传媒董事长	浙江横店	2014.8.12-15
25	杨斌，浙江义乌义广天下影视文化发展有限公司制片主任	浙江横店	2014.8.14-15
26	薛刚，东阳江月影视文化有限公司总经理	浙江横店	2014.8.13
27	陆华洪，浙江华红影视CEO	浙江横店	2014.8.15
28	田女士，横店影视器具制作租赁有限公司	浙江横店	2014.8.12
29	金卫东，东阳市金鼎影视器材总经理	浙江横店	2014.8.14
30	董老师，美术工作室老板	浙江横店	2014.8.14
31	孟总，安邦影视器材租赁有限公司	浙江横店	2014.8.15
32	马鸿斌，西安"文改办"副主任	西安市"文改办"	2014.8.24
33	王海熙，西安曲江新区管委会文化产业发展局局长	西安曲江	2014.8.21
34	王静，西安曲江文化旅游股份有限公司经营策划部副总经理	西安曲江	2014.8.20
35	王庆生，陕西省改革发展研究会秘书长	西安改革发展研究会	2014.8.18
36	强伟，西安曲江乐雅动漫有限公司动漫事业部总经理	西安曲江	2014.8.20
37	林丽娜，西安曲江大秦帝国影业投资有限公司人事部工作人员	西安曲江	2014.8.20
38	王乐，西安曲江文化产业风险投资有限公司投资经理	西安曲江	2014.8.20
39	宋总，陕西步遥文化传播有限公司	西安曲江	2014.8.22

附 录

续表

序号	受访者，单位及职务	访谈地点	访谈时间
40	黄平安，西安铁树企业文化传媒有限公司行政经理	西安曲江	2014.8.22
41	徐航，作家，编剧	西安改革发展研究	2014.8.18

注："文改办"是指文化体制改革与发展办公室，"文资办"是指中央文化企业国有资产监督管理领导小组办公室。

参考文献

[1] [德] 霍克海默、阿多诺：《启蒙辩证法》，重庆出版社1990年版。

[2] [法] 米歇尔·福柯：《权力的眼睛》，上海人民出版社1999年版。

[3] [美] 奥利弗·E. 威廉姆森：《治理机制》，王健、方世建译，中国社会科学出版社2001年版。

[4] [美] 阿维纳什·迪克西特：《法律缺失与经济学：可供选择的经济治理方式》，郑江淮、李艳东、张杭辉等译，中国人民大学出版社2007年版。

[5] [美] 阿夫纳·格雷夫：《大裂变——中世纪贸易制度比较和西方的兴起》，郑江淮等译，中信出版社2008年版。

[6] [美] 埃莉诺·奥斯特罗姆：《公共事务的治理之道——集体行动制度的演进》，余逊达、陈旭东译，译文出版社2012年版。

[7] [美] 法兰西·福山：《信任——社会道德与繁荣的创造》，李婉容译，远方出版社1998年版。

[8] [美] 理查德·E. 凯夫斯：《创意产业经济学——艺术的商业之道》，孙绊等译，北京新华出版社2004年版。

[9] [美] 罗宾斯：《组织行为学》，孙健敏、李原译，中国人民大学出版社2005年版。

[10] [美] 曼瑟尔·奥尔森：《集体行动的逻辑》，上海三联书店1995年版。

[11] [美] 迈克尔·波特：《国家竞争优势》，李明轩、邱如美译，华夏出版社2002年版。

[12] [美] 帕森斯：《社会行动的结构》，上海译文出版社1972年版。

[13] [美] 詹姆斯·罗西瑙：《没有政府的治理》，张胜军、刘小林译，江

西人民出版社2006年版。

［14］［希］尼科斯·波朗查斯：《政治权力与社会阶级》，中国社会科学出版社1982年版。

［15］［英］迈克尔·博兰尼：《自由的逻辑》，冯银江、李雪茹译，吉林人民出版社2002年版。

［16］［英］戴维·米勒、韦农·波格丹诺：《布莱克维尔政治学百科全书》，中国政法大学出版社1992年版。

［17］［英］托马斯·霍布斯：《利维坦》，商务印书馆1985年版。

［18］［英］亚当·斯密：《国民财富的性质和原因的研究》，商务印书馆1983年版。

［19］陈焱：《好莱坞模式——美国电影产业研究》，北京联合出版公司2014年版。

［20］何建平：《好莱坞电影机制研究》，上海三联书店2006年版。

［21］花建：《文化产业竞争力》，广东人民出版社2005年版。

［22］全球治理委员会：《我们的全球伙伴关系》，牛津大学出版社1995年版。

［23］魏江：《产业集群——创新系统与技术学习》，科学出版社2003年版。

［24］余晖：《行业协会及其在中国的发展：理论与案例》，经济管理出版社2002年版。

［25］郁建兴等：《在政府与企业之间：以温州商会为研究对象》，浙江人民出版社2004年版。

［26］余秀江：《企业群落演进运行与治理研究》，中国经济出版社2006年版。

［27］周黎安：《转型中的地方政府：官员激励与治理》，格致出版社、上海人民出版社2008年版。

［28］中国社会科学院语言研究所词典编辑室编：《现代汉语词典》，商务印书馆1985年版。

［29］陈文华：《产业集群治理》，江西财经大学2006年博士学位论文，第39-51页。

[30] 陈都：《中国化的好莱坞模式》，《开放潮》2008年第1期，第76-77页。

[31] 陈军、朱华友：《产业集群治理研究——一个拓展的视角》，《经济问题探索》2008年第11期，第13页。

[32] 陈少峰：《关于提升文化产业集聚园效益的思考》，《北京联合大学学报》（人文社会科学版）2009年第3期，第28-29页。

[33] 冯祈善、黄媛梅：《集群治理：社会资本价值量提升的手段》，《科技进步与对策》2006年第10期，第103页。

[34] 盖宏伟：《文化产业集群治理结构、机制与策略研究》，《湖北社会科学》2010年第10期，第77-80页。

[35] 华锡梅：《美国电影艺术与科学学院及奥斯卡金像奖》，《影视技术》1996年第10期，第42-43页。

[36] 黄喜忠、杨建梅：《集群治理的一般性研究》，《科技管理研究》2006年第10期，第51-53页。

[37] 霍步刚：《国外文化产业发展比较研究》，东北财经大学2009年博士学位论文，第8-12页。

[38] 寒恺：《美国的非营利组织及其在文化经营管理中的作用》，《前线》2009年第8期，第55-57页。

[39] 胡雅蓓：《基于竞合关系的产业集群网络治理机制研究——以南京化学工业园区为例》，《江淮论坛》2012年第5期，第41-47页。

[40] 贾根良：《网络组织：超越市场与企业两分法》，《经济社会体制比较》1998年第4期，第13页。

[41] 景秀艳：《网络权力及其影响下的企业空间行为研究》，华东师范大学2007年博士学位论文，第25页。

[42] 金晓彤、李茉：《日本书化产业发展路径分析》，《现代日本经济》2013年第4期，第71页。

[43] 林闽钢：《社会学视野中的组织间网络及其治理结构》，《社会学研究》2002年第2期，第43-45页。

[44] 李伟民、梁玉成：《特殊信任与普遍信任：中国人信任的结构与特征》，

《社会学研究》2002年第3期，第19-20页。

[45] 李新春：《企业家协调与企业集群——对珠江三角洲专业镇企业集群化成长的分析》，《南开管理评论》2002年第3期，第49-55页。

[46] 李恒：《模块化生产的激励机制与产业集群治理》，《商业经济与管理》2006年第5期，第41-45页。

[47] 李晓蓓、蒋安：《影视产业中的集聚经济——从好莱坞到横店》，《电影评介》2006年第13期，第69页。

[48] 刘蔚：《文化产业集群的形成机理研究》，暨南大学2007年博士学位论文，第22-26页。

[49] 刘明亮：《北京798艺术区：市场语境下一的田野考察与追踪》，中国艺术研究院2010年博士学位论文，第31-55页。

[50] 廖园园：《集群治理机制论——理论与浙江产业集群的经验研究》，浙江大学2011年博士学位论文，第38-39页。

[51] 李世杰：《基于集群剩余索取权的产业集群治理机制研究》，《管理世界》2013年第7期，第178-179页。

[52] 彭正银：《网络治理理论探析》，《中国软科学》2002年第3期，第53页。

[53] 彭文慧：《企业无边界、网络组织创新与产业集群治理》，《科学管理研究》2007年第2期，第10-13页。

[54] 彭侃：《美国政府的支持与好莱坞的全球扩张》，《全球传媒学刊》2011年第1期。

[55] 钱紫华、闫小培：《好莱坞电影产业集聚体的演进》，《世界地理研究》2009第1期，第121页。

[56] 青木昌彦：《硅谷模式的信息与治理结构》，黄广明译，《经济社会体制比较》2000年第1期，第18-27页。

[57] 齐春燕：《日韩文化产业发展模式比较研究》，《科技与出版》2012年第12期，第110-111页。

[58] 齐骥：《我国文化产业集群的发展和治理——以国际经验为视角》，《发展研究》2013a年第8期，第78页。

[59] 齐骥：《我国文化产业集群发展的障碍与路径》，《中华文化论坛》2013b年第8期，第93页。

[60] 邵培仁、廖卫民：《横店：中国影视文化产业集群发展的一个样本——基于共享性资源观理论的案例分析》，《浙江师范大学学报》（社会科学版）2009年第5期，第20-29页。

[61] 宋阳：《行业协会与香港文化创意产业的发展及其对深圳文化行业协会的启示》，《中国文化产业评论》2012年第2期，第130页。

[62] 宋佳烜：《全球文化创意产业交易额10年翻两番》，《中国文化报》2013年12月3日第10版。

[63] 苏卉：《文化创意产业集群中的政府行为研究》，《科技管理研究》2010年第17期，第217-219页。

[64] 苏江明：《产业集群生态相研究》，复旦大学2004年博士学位论文，第64页。

[65] 孙国强：《网络组织的治理机制》，《经济管理》2003年第4期，第39-43页。

[66] 孙国强：《西方网络组织治理研究评介》，《外国经济与管理》2004年第8期，第11页。

[67] 孙国强、张宝建、徐俪凤：《网络权力理论研究前沿综述及展望》，《外国经济与管理》2014年第12期，第47-51页。

[68] 王洁：《产业集聚理论与应用的研究》，同济大学2007年博士学位论文。

[69] 王重远：《都市创意产业集群的发展模式与政策选择》，《贵州社会科学》2011年第10期，第41-44页。

[70] 王泳波：《非营利组织在美国文化产业中的角色及功能》，《学术论坛》2012年第7期，第110页。

[71] 魏江、周泯非：《产业集群治理：理论来源、概念与机制》，《管理学家》（学术版）2009年第6期，第50-57页。

[72] 徐敏：《曲江之变》，《新西部》2014年第7期，第14-19页。

[73] 辛西娅·休伊特·德·阿尔坎塔拉：《"治理"概念的运用与滥用，国

际社会科学杂志》（中文版）1999年第1期，第105页。

［74］杨慧：《产业集群治理结构探析》，《科学学研究》2007年第4期，第685页。

［75］杨树旺、易明、肖建忠：《产业集群治理结构、机制与模式——兼论我国产业集群治理存在的主要问题及对策建议》，《宏观经济研究》2008年第1期，第32-33页。

［76］易明：《产业集群治理：机制、结构、行动与绩效》，华中科技大学2010年博士学位论文，第32页、第51-58页。

［77］易明、杨树旺：《产业集群治理的内在逻辑与机制体系》，《湖北社会科学》2011年第7期，第96页。

［78］俞可平：《治理与善治》，《北京国际善治学术研讨会论文集》2008年第10期，第144页。

［79］于永达、陈琳：《产业集群治理机制研究》，《现代管理科学》2008年第8期，第3页。

［80］曾繁英、吴立源：《企业集群治理主体研究》，《华侨大学学报》（哲学社会科学版）2009年第4期，第39页。

［81］张聪群：《产业集群治理的逻辑与机制》，《经济地理》2008年第5期，第388-392页。

［82］张振鹏、马力：《文化创意产业集群形成机理探讨》，《经济体制改革》2011年第2期，第176-180页。

［83］张宝宗：《吉林省文化产业发展研究》，吉林大学2012年博士学位论文。

［84］张斌、马斌、张剑渝：《创意产业理论研究综述》，《经济学动态》2012年第10期，第87-90页。

［85］张慧娟：《美国文化产业政策及其对中国文化建设的启示》，中共中央党校2012年博士学位论文，第72页。

［86］张凌云：《西方文化（产业园）区利益相关方研究》，山东大学2012年博士学位论文。

［87］张维迎：《社会合作的制度基础》，《读书》2014年第1期，第66页。

[88] 赵双阁、李剑欣：《中美版权产业比较研究》，《河北经贸大学学报》2014年第1期，第109-110页。

[89] 周国梁：《美国文化产业集群发展研究》，吉林大学2010年博士学位论文。

[90] 周泯非、魏江：《产业集群治理模式及其演化过程研究》，《科学学研究》2010年第1期，第95-103页。

[91] 朱启才：《经济学中的权力范式及其运行关系研究》，《财经研究》2008年第12期，第97-106页。

[92] 中央文化企业国有资产监督管理领导小组办公室：《十年见证文化产业腾飞——我国文化产业10年发展对比分析报告》，《光明日报》2015年2月12日第14版。

[93] 邓植尹、王荷月编：《深化改革，繁荣发展：我国文化体制改革之路》，中宣部中国文明网资料频道，第4期，http：//www. wenming. cn/special/bk_whtzgg/。

[94] 侯文佳：《CAFA观点：从艺术管理学的角度看作为非营利机构身份的尤伦斯当代艺术中心》2012年5月28日，http：//www. cafa. com. cn/c/? t=513719。

[95] 莫衍彬：《2014文化创意产业园区发展前景》，前瞻网，http：//bg. qianzhan. com/report/detail/300/140301-5e8ad004. html。

[96] 杨猛：《798，艺术与权力的较量》，《南都周刊》，http：//past. nbweekly. com/Print/Article/9058_0. shtml。

[97] 国家统计局：《关于〈文化及相关产业分类〉的通知》，《文化及相关产业分类2012》，2012年8月1日，http：//www. ccitimes. com。

[98] 国家统计局：《2013年我国文化及相关产业增加值超2万亿》，2015年1月23日，http：//www. stats. gov. cn/tjsj/zxfb/201501/t20150123_673036. html。

[99] 文化部财务司：《中华人民共和国文化部2013年文化发展统计公报》，http//zwgk. mcprc. gov. cn/auto255/201405/t20140516_30294. html。

[100] 张磊、余小乔编：《安徽蚌埠大禹文化产业园成功跻身国家级》，2015年3月20日，人民网-安徽频道：http：//ah. people. com. cn/n/2015/0320/

c358266-24219991.html。

[101] Arrow, K. J. "Gifts and exchanges", *Philosophy and Public Affairs*, Vol. 1, 1972, pp. 343-362.

[102] Axelrod, R. "An Evolutionary Approach to Norms", *American Political Science Reviwe*, Vol. 80, 1985, pp. 1055-1111.

[103] Barber, Bernard. *The Logic and Limits of Trust*: New Brunswick, NJ: Rutgers University Press, 1983.

[104] Bathelt, H., M. Taylor. "Clusters, Power and Place: Inequality and Local Growth in Time-Place", *GeografiskaAnnaler*, Vol. 84B, 2002, pp. 93-109.

[105] Bates, R. H. "Contra Contractarianism: Some Reflection on the New Institutionalism", *Politics and Society*, Vol. 16, 1988, pp. 387-401.

[106] Berranger, P. D., M. C. R. Meldrum. "The Development of Intelligent Local Clusters to Increase Global Competitiveness and Local Cohesion: The Case of Small Businesses in the Creative Industries", *Urban Studies*, Vol. 37 (10), 2000, pp. 1827-1835.

[107] Bianchini, F., M. Parkinson. *Cultural Policy and Urban Regeneration: The West European Experience*, Manchester: Manchester University Press, 1993.

[108] Blau, P. M. *Inequality and Heterogeneity*, New York: Free Press, 1977.

[109] Bradach, J., R. Eccles. "Price, Authority and Trust: From Ideal Typesto Plural Tiesfor Contractual Choice in Alliances", *Academy of Management Journal*, 1989.

[110] Brown, A., Justin O'Connor, Sara Cohen. "Local Music Policies within a Global Music Industry: Cultural Quarters in Manchester and Sheffield", *Geoforum*, Vol. 31 (4), 2000, pp. 437-451.

[111] Brown, R. "Cluster Dynamicsin Theory and Practice With Application to Scotland", *European Policies Research Center*, *University of Strathclyde*, Vol. 38 (3), 2000, pp. 1-30.

[112] Brusco, S. "The Idea of the Industrial District: Its Genesis", *Geneva: International Institute for Labor Studies*, 1990, pp. 10-19.

[113] Buchko, A. A. " Barriers to Strategic Transformation: Interorganizational Networks and Institutional Forces", *Advances in Strategic Management*, Vol. 10, 1994, pp. 81-106.

[114] Camerer, C., A. Vepsalainen. " The Economic Efficiency of Corporate Culture", *Strategic Management Journal*, Vol. 9, 1988, pp. 115-126.

[115] Campbell, R. *Background for the Uninitiated*, *In Paradoxes of Rationality and Cooperation*, eds. R. Campbell and L. Sowden, Vancouver: University of British Columbia Press, 1985, pp. 3-41.

[116] Cinti, T. *Musei e territorio. Le dinamicherelazionalinel cluster musealedi Firenze*, Roma: Carocci, 2007.

[117] Choi, J. " Challenges and Strategies of Local Cultural Cluster Promotion Policies in Korea", *The Service Industries Journal*, Vol. 30 (5), 2010, pp. 763-775.

[118] Coase, R. H. " The problem of social cost", *Journal of Law and Economics*, Vol. 3 (1), 1960, pp. 1-44.

[119] Cook, G. A. S., N. R. Pandit. "Service Industry Clustering: A Comparison of Broadcasting in Three City-Regions", *The Service Industries Journal*, Vol. 27 (4), 2007, pp. 453-469.

[120] Dijk, M. P. V. "Emerging and Overlapping Cluster Governance Structures, the Case of the IT", *Panel 6 Urban Governance in Developing Countries*, The Hague, 2005.

[121] Dini, M. J. Humphrey . *Promoting Networks of Small Enterprises in Latin America*, Brighton: Institute of Development Studies, University of Sussex, 1999.

[122] Drake, G. "This Place Gives Me Space: Place and Creativity in the Creative Industries", *Geoforum*, Vol. 34, 2003, pp. 511-524.

[123] Duhaime, Irene M. et al. " Determinants of Competitive Advantage in the Network *Organizatio*n Form: A Pilot Study", *Working Paper*, 2002.

[124] Ellickson, R. C. *Order Without Law: How Neighbors Settle Disputes*, Cambridge, MA: Harvard University Press, 1991.

[125] Eisenhardt, K. M. " Building Theories from Case Study Research",

Academy of Management Review, Vol. 14, 1989, pp. 532-550.

[126] Emerson, R. M. "Power-Dependence Relations", *American Sociological Review*, Vol. 27, 1962, pp. 31-41.

[127] Emerson, R. M. "Exchange Theory: A Psychological Basis for Social Exchange", Berger, J. et al (eds.), *Sociological Theories in Progress*, Houghton - Mifflin, 1972, pp. 121-143.

[128] Enright, M. "The Globalization of Competition and the Localization of Competitive Advantage: Policies toward Regional Clustering", in HoodN. Young *Globalization of Multinational Enterprise and Economic Development*, London: Macmillan, 2000.

[129] Fehr, E., S. Gachter. "Cooperation and Punishment in Public Goods Experiments", *The American Economic Review*, Vol. 90 (4), 2000, pp. 980-994.

[130] Gilsing, V. "Cluster Governance: How Cluster Can Adapt and Renew Over Time", *Paper Prepared for the DRUIDPhD-Conferenee: Copenhagen*, 2000.

[131] Gornostaeva, G., Cheshire, Paul. " Media cluster in London ", *Les Cahiers de L'institutd'amenagement et d'urbanisme de la Region d'ile de France*, Vol. 135 (4), 2003, pp. 151-160.

[132] Grabher, G. "The Weakness of Strong Ties: The Lock-in of Regional Development", *in the Ruhrareal the Embedded Firm: on the Socioeconomics of Industrial Networks*, Edited by Grabher G., London: Routledge, 1993.

[133] Granovetter, M. "Economic Action and Social Structure: The Problem of Embeddedness", *American Journal of Sociology*, Vol. 91, 1985, pp. 481-510.

[134] Granovetter, M. "Problems of Explanation in Economic Sociology", In N. Nohria& R. G. Eccles (Eds.), *Networks and Organizations: Structure, form, and action*, Boston: Harvard Business School Press, 1992, pp. 25-56.

[135] Granovetter, M., R. Swedberg. *The Sociology of Economic Life*, USA: West view Press, 1992, p. 399.

[136] Gulati, R. "Does Familiarity Breed Trust? The Implication of Repeated Ties for Contractual Choice", *Academy of Management Journal*, Vol. 38, 1996.

[137] Hallencreutz, D., P. Lundequist. "Spatial Clustering and the Potential for Policy Practice: Experiences from Cluster-building Processes in Sweden", *European Planning Studies*, Vol. 11 (5), July. 2003.

[138] Harrison, B. *Leand and Mean, the Changing Landscape of Corporate Power in the and States*, Cambridge, Massachusetts: Harvard University Press, 1970.

[139] Hardin, G. "The Tragedy of the Commons", *Science*, Vol. 162 (1), 1968, p. 244.

Harrison, B. "Industrial Districts: Old Wine in New Bottles?", *Regional Studies*, Vol. 26 (5), 1992, pp. 469–483.

[140] Hemmert, M. "Intermediate Organization Revisited: A Frame work for the Vertical Division of Labour in Manufacturing and the Case of the Japanese Assembly Industries", *Industrial and Corporate Change*, Vol. 8 (3), 1999, pp. 487–517.

[141] Hirschmann, A. O. *Exit, Voice, and Loyalty: Responses to decline in Firms, Organizations, Age of Flexibility*, New York: Basic Books, 1994.

[142] Hitters, E., G. Richards. "The Creation and Management of Cultural Clusters", *Creativity and Innovation Management*, Vol. 11 (4), 2002, pp. 234–247.

[143] Hubert Schmitz. "Collective Efficiency: Growth Path for Small-Scale Industry", *Journal of Development Studies*, Vol. 31 (4), 1995, pp. 529–566.

[144] Humphrey, J. "Industrial Reorganization in Developing Countries: from Models to Trajectories", *World Development*, Vol. 23 (1), 1995, pp. 149–162.

[145] Humphrey J., H. Schmitz. "How Does Insertion in Global Value Chains Affect Upgrading in Industrial Cluster", *Regional Studies*, Vol. 36 (9), 2002, pp. 1017–1027.

[146] IDS. *Collective Efficiency: A Way Forward for Small Firms*, Policy Briefing No. 10. Brighton: Institute of Development Studies, University of Sussex. 1997.

[147] Jarillo, J. "On Strategic Networks", *Strategic Management Journal*, Vol. 9 (1), 1988, pp. 31–41.

[148] Jarvenpaa, S. L., D. E. Leidner. "Communication and Trust in Global Virtual Teams", *Journal of Computer Mediated Communication*, Vol. 3 (4), 1998, pp. 1–36.

[149] Jones, C., W. SHesterly & S. PBorgatti. "A General The ory of Network Governance: Exchange Conditions and Social Mechanisms", *Academy of Management Review*, Vol. 22 (4), 1997, pp. 911-945.

[150] Kreps, D. M., P. Milgrom, J. Roberts et al. "Rational Cooperation in the Finitely Repeated Prisoners' Dilemma", *Journal of Economic Theory*, Vol. 27 (2), 1982, pp. 245-252.

[151] Krugman, P. "On the Relationship Between Trade Theory and Location Theory", *Review of International Economics*, Vol. 1 (2), 1993, pp. 110-122.

[152] Langen, Peter W. De. "The Performance of Seaport Clusters: A Framework to Analyze Cluster Performance and an Application to the Seaport Clusters in Durban, Rotterdam and the lower Mississippi", *Erasmus University Rotterdam*, 2003, pp. 19-56.

[153] Langen, P. D. "Governance in Seaport Clusters", *Maritime Economics & Logistics*, Vol. 6 (2), 2004, pp. 141-156.

[154] Larsson, R. "The Handshake Between Invisible and Visible Hands", *International Studies of Management & Organization*, Vol. 23 (1) 1993, pp. 87-106.

[155] Lazzeretti, L. "City of Art as a HC Local System and Cultural Districtualization Processes. The Cluster of Art-restoration in Florence", *International Journal of Urban and Regional Research*, Vol. 27 (3), 2003, pp. 635-648.

[156] Lazzeretti, L., T. Cinti. "Governance-Specific Factors and Cultural Clusters: The Case of the Museum Clusters in Florence", *Creative Industries Journal*, Vol. 2 (1), Mar. 2009, pp. 19-35.

[157] Lindberg Hollingsworth. "Economic Governance and the Analysis of Structural Change in the American Economic", *Governance of the American Economy*, 1991, pp. 3-34.

[158] Lorenz, E. "Neither Friends nor Strangers: Informal Networks of Subcontracting in French Industry", in D. Gambetta (ed.), *Trust Making and Breaking Cooperative Relations*, Oxford: Basil Blackwell, 1988.

[159] Lorenzoni, G., C. Baden-Fuller. "Creating a Strategic Center to Manage a Web of Partners", *California Management Review*, Vol. 37 (3), 1995, p. 146.

[160] Luhmann, N. *Trust and Power*, Chichester: John Wiley &Sons Ltd, 1979, pp. 21-22.

[161] Lundvall, B. A. *National Systems of Innovation*, London: Pinter, 1992.

[162] Maillat, Dennis et al. "Innovation Networks and Territorial Dynamics: A Tentative Typology", Bofje Johansson et al. eds. *Patterns of a Network Economy*, Springer-Verlag, 1993.

[163] Markusen, Ann. "Sticky Places in Slippery Space: A Typology of Industrial Districts", *Economic Geography*, Vol. 72 (3), Jul. 1996, pp. 293-313.

[164] Marshall, A. *Principles of Economics*, London: Macmillan, 1920.

[165] McKnight, D. H., L. L. Cummings, N. L. Chervany. "Initial Trust Formation in New Organizational Relationships", Academy of Management Review, Vol. 23, 1998, pp. 473-490.

[166] Mistri, M. "Industrial Districts and Local Governance in the Italian Experience", *Human Systems Management*, Vol. 18, 1999, pp. 131-139.

[167] Mommaas, H. "Cultural Clusters and the Postindustrial City: Towards There Mapping of Urban Cultural Policy", *Urban Studies*, Vol. 41 (3), 2004, pp. 507-532.

[168] Moon, M. J. "cultural Governance: A Comparative Study of Three Cultural Districts", *Administration & Society*, Vol. 33 (4), 2001, p. 432.

[169] Nadvi, K., H. Schmitz. "Industrial Clusters in Less Developed Countries: Review of Experiences and Research Agenda", *IDS Discussion Paper*, Brighton: Institute of Development Studies, University of Sussex, No. 339, 1994.

[170] Nelson, R. *National Innovation Systems: A Comparative Analysis*, New York and Oxford: Oxford University Press, 1993.

[171] Nooteboom, B. "Institutions and Forms of Co-ordination in Innovation Systems", *Organization Studies*, Vol. 21 (5), 2000, pp. 915-932.

[172] O' Connor. J., Gu, X. "Developing a Creative Cluster in a Postindustrial City: CIDS and Manchester", *The Information Society*, Vol. 26 (201), 2010, pp. 124-136.

[173] OECD. *Culture and Local Development*, Paris: OECD, 2005.

[174] Olson, M. *The Logic of Collective Action: Public Goods and the Theory of Groups*, Cambridge, Mass: Harvard University Press, 1965, pp. 1-2.

[175] Perrow, C. *Small-Firm Networks*, *Networks and Organizations: Structure, Form, and Action*, Nitin Nohria & RobertG. Eccles, Boston: Harvard Business School Press, 1992.

[176] Pfeffer, J., G. R Salancik. *The External Control of Organizations*, New York: Harper &Row 1978.

[177] Piore, M., Charles Sabel. *The Second Industrial Divide: Possibilities for Prosperity*, New York Basic Books, 1984.

[178] Poppy, I. "What Factors Constitute Structures of Clustering Creative Industries?" *GadjahMada International Journal of Business*, Vol. 14 (3), Sep-Dec. 2012, pp. 213-228.

[179] Porter, M. *The Competitive Advantage of Nations*, London: Macmillan, 1990.

[180] Porter, M. "Cluster and The New Economic of Competition", *Harvard Business Review*, Vol. 76 (6), 1998, pp. 77-90.

[181] Powell, Walter W. "Neither Market Nor Hierarchy: Network Forms of Organization", *In Research in Organizational Behavior*, Vol. 12, 1990, pp. 295-336.

[182] Prahalad, C., K. Hamel, "The Core Competence of the Corporation", *Harvard Business Review*, Vol. 68 (3), 1990, pp. 12-35.

[183] Pratt, A. "New Media, the New Economy, and New Spaces", *Geoforum*, Vol. 31, 2000, pp. 425-436.

[184] Propris, L. D. "Systemic Flexibility, Production Fragmentation and Cluster Governance", *European Planning Studies*, Vol. 9 (6), 2001, pp. 739-753.

[185] Propris, D. L., P. Wei. "Governance and Competitiveness in the Birmingham Jewellery District", *Urban Studies*, Vol. 4 (12), 2007, pp. 2465-2486.

[186] Provan, Keith G., Patrick Kenis. "Modes of Network Governance: Structure, Management, and Effectiveness", *Journal of Public Administration Research and*

Theory, Vol. 18 (2), 2007, pp. 229-252.

[187] Rittera, T., Hans Georg Gemundenb. "Network Competence: Its Impact on Innovation Success and Its Antecedents", *Journal of Business Research*, Vol. 56, 2003, pp. 745-755.

[188] Rhodes, Raw. "The New Governance: Governing without Government", *Political Studies*, 1996, pp. 652-667.

[189] Rusaw. "Learning by Association: Professional Associations as Learning Agents, Human Resource Development", *Quarterly*, Vol. 6 (2), 1995, pp. 215-226.

[190] Sako. "Suppliers' Associations in the Japanese Automobile Industry: Collective Actionfor Technology Diffusion", *Cambridge Journal of Economics*, Vol. 20, 1996, pp. 651-671.

[191] Schmitz, Hubert. "Collective Efficiency: Growth Path for Small-Scale Industry", *Journal of Development Studies*, Vol. 31 (4), 1995, pp. 529-566.

[192] Schmitz, H. "Collective Efficiency and Increasing Returns", *IDS Working Paper*, Brighton: Institute of Development Studies, University of Sussex, No. 50, 1997.

[193] Schmitz, H. "Responding to Global Competitive Pressure: Local Co-Operation and Upgrading in The Sinos-Valley, Brazil", *IDS Working Paper*, Brighton: Institute of Development Studies, University of Sussex. No. 82, 1998.

[194] Schmitz, H. "Does Local Co-Operation Matter? Evidence from Industrial Clusters in South Asia and Latin America", *Oxford Development Studies*, Vol. 28 (3), 2000, pp. 323-336.

[195] Scott, A. J. "The Cultural Economy of Cities", *International Journal of Urban and Regional Research*, Vol. 21, 1997, pp. 323-339.

[196] Shaun, C. "Great Expectations: China's Cultural Industry and Case Study of a Government-sponsored Creative Cluster", *Creative Industries Journal*, Vol. 1 (3), 2008, pp. 263-273.

[197] Storper, M. "The Transition to Flexible Specialization in U. S. Film industry: External Economies, the Division of Labor and the Crossing of Industrial Divides", *Cambridge Journal of Economics*, Vol. 13 (2), 1989, pp. 273-305.

[198] Storper, M., B. Harrison. "Flexibility, Hierarchy and Regional Development: The Changing Structure of Industrial Production Systems and Their Forms of Governance in the 1990s", *Research Policy*, Vol. 20 (5), 1991, pp. 407-422.

[199] Storper, M. "Regional Economies as Relational Assets" In Lee, R. and Willis, J., editors, *Geographies of Economies*, London: Arnold, 1997.

[200] Sugden, R., P. Wei, J. R. Wilson. "Clusters, Governance and the Development of Local Economies: A Framework for Case Studies", in R. Sugden, C. Pitelis and J. R. Wilson (eds) *Clusters and Globalization: The Development of Urban and Regional Economies*: Cheltenham: Edward Elgar, 2006, pp. 61-81.

[201] Thorelli, Hans B. "Network: Between Markets and Hierarchies", *Strategy Management Journal*, Vol. 7, 1986, pp. 37-51.

[202] Uzzi, Brian. "Social Structure and Competition in Interfirm Network: The Paradox of Embeddedness", *Administra-tive Science Quarterly*, Vol. 42, 1997.

[203] Valentino, P. A. *Le trame del territorio. Politiche di sviluppodeisistemiterritoriali e distretticulturali*, Milan: Sperling & Kupfer, 2003.

[204] van den Berg, L., E. Braun, W. VanWinden. *Growth Clusters in European Metropolitan*, Aldershot: Ashgate, 2001.

[205] Wei-Hsin, W. S. "Commercial Gentrification and Entrepreneurial Governance in Shanghai: A Case Study of Taikang Road Creative Cluster", *Urban Policy & Research*, Vol. 29 (4), 2011, pp. 363-380.

[206] Wernerfelt, B. A. "Resource-based view of the Firm", *Strategic Management Journal*, Vol. 5 (2), 1984, pp. 171-180.

[207] Whitley, R. "European Business Systems", *Organization Studies*, Vol. 15 (2), 1994.

[208] Williamson, O. E. "Transaction-Cost Economics: The Governance of Contractual Relations", *The Journal of Law and Economics*, Vol. 22 (2), 1979, pp: 233-261.

[209] Williamson, O. E. "Comparative Economic Organization: The Analysis of Discrete Structural Alternatives", *Administrative Science Quarterly*, Vol. 36, 1991, pp. 269-296.

[210] Williamson O. E. "The Economics of Governance", *American Economic Review*, Vol. 95 (2), 2005, pp. 1-18.

[211] Wikipedia. http://en.wikipedia.org/wiki/Academy_of_Motion_Picture_Arts_and_Sciences, 2011.—http://en.wikipedia.org/wiki/Academy_Awards, 2014.

[212] WU, W. P. "Dynamic Cities and Creative Clusters", *World Bank Policy Research working Paper*, 2005, www.polity.org.za/Pdf/DynamicCities.

[213] Wyszomirski, M. J. "Creative Assets and Cultural Development: How Can Research Inform Nonprofit-Commercial Partnerships?", *Journal of Arts Management, Law, and Society*, Vol. 29 (2), 1999, pp. 132-41.

[214] Zheng, J. "The 'EntrepreneurialState' in 'Creative Industry Cluster' Development in Shanghai", *Journal of Urban Affairs*, Vol. 32 (2), 2010, pp. 143-170.

[215] Zucker, L. "Production of Trust: Institutional Sources of Economic Structure", 1840-1920. B. M. Staw & L. L. Cummings (eds.), *Research in Organization Behavior*, Greenwich, CT: JAI Press, 1986, pp. 53-111.

后 记

在经历近半年的田野追踪和无数个日夜思索奋战后，本书终于可以告一段落了。从文献收集、梳理写作思路到实地考察，从理论到实践再从实践到理论，这其中理性和感性相互转换和交织，汗水和焦虑并存，始知"纸上得来终觉浅，绝知此事要躬行"的真谛。完成这本书真的很不容易，凝聚了许多老师、前辈、朋友的帮助和心血，想感谢的人实在太多！

首先，我要郑重感谢为本书提供重要建议和参考的荆林波研究员、张群群研究员、宋则研究员、温桂芳研究员、姚战琪研究员、李蕊副研究员、彭品志教授、徐振宇教授。

其次，我还要感谢为本书调研提供各种帮助的前辈和朋友：高铁生（中国人民大学博导）前辈、文启湘（西安交大博导）前辈、李勇坚研究员、马鸿斌（西安文改办主任）主任、张国华（北京798管委会主任）主任、厉红亮（横店实验区管委会主任）主任。

最后，还要感谢经济管理出版社的杨雪编辑及其他工作人员，由于他们辛勤的工作，才使本书最终顺利出版。

由于笔者水平有限，书中不足之处在所难免，诚请广大读者指正，特驰惠意。